DER KYNIKER DEMETRIUS

PHILOSOPHIA ANTIQUA

A SERIES OF MONOGRAPHS
ON ANCIENT PHILOSOPHY

EDITED BY

W. J. VERDENIUS AND J. C. M. VAN WINDEN

VOLUME XXXVI

MARGARETHE BILLERBECK
DER KYNIKER DEMETRIUS

LEIDEN
E. J. BRILL
1979

DER KYNIKER DEMETRIUS

EIN BEITRAG ZUR GESCHICHTE DER FRÜHKAISERZEITLICHEN POPULARPHILOSOPHIE

VON

MARGARETHE BILLERBECK

LEIDEN
E. J. BRILL
1979

Gedruckt mit Unterstützung
der Deutschen Forschungsgemeinschaft

ISBN 90 04 06032 4

INHALTSVERZEICHNIS

VORWORT

Demetrius, der Freund Senecas und Vertrauter oppositioneller Stoiker unter Nero, ist die einzige historisch faßbare Gestalt der frühen neukynischen Bewegung. In der vorliegenden Studie habe ich versucht, nicht nur die Umrisse seiner Lehre darzulegen, sondern darüber hinaus, den Anfängen des römischen Kynismus nachzuspüren, seine Verbreitung zu verfolgen und seine nachhaltige Wirkung aufzuzeigen. Wenn es gelungen ist, dadurch einen bescheidenen Beitrag zum besseren Verständnis der frühkaiserzeitlichen Popularphilosophie zu leisten, dann haben die folgenden Seiten ihren Zweck erfüllt.

Es bleibt mir die angenehme Pflicht, der Deutschen Forschungsgemeinschaft für einen Druckkostenzuschuß, Herrn Professor W. J. Verdenius und Herrn Dr. J. C. M. van Winden für die Aufnahme in die Reihe sowie besonders Bruce Karl Braswell zu danken, der immer wieder bereit war, philologische Probleme und strittige Fragen der Interpretation mit mir zu erörtern.

Berlin, im September 1978   M. B.

LITERATURVERZEICHNIS

1. AUSGABEN

Cassius Dio, Historiae Romanae, ed. Ph. U. Boissevain, Berlin 1895—1931.

Cicero, De finibus bonorum et malorum, rec. Th. Schiche, Leipzig 1915.

—, De officiis, rec. P. Fedeli, [Mailand] 1965.

Diogenes Laertius, Vitae philosophorum, rec. H. S. Long, Oxford 1964.

Epictetus, Dissertationes ab Arriano digestae, rec. H. Schenkl, 2. Aufl., ed. maior, Leipzig 1916 (Nachdruck Stuttgart 1967).

Lucianus, Opera, rec. C. Jacobitz, Bd. 2, Leipzig 1866.

—, Opera, rec. M. D. Macleod, Bd. 2, Oxford 1974.

Marc Aurel: The Meditations of the Emperor Marcus Antoninus. Ed. with Transl. and Comm. by A. S. L. Farquharson, Oxford 1944.

Musonius Rufus, Reliquiae, ed. O. Hense, Leipzig 1905.

Philostratus, Opera, ed. C. L. Kayser, Bd. 1, Leipzig 1870 (Nachdruck Hildesheim 1964).

Plautus, Comoediae, rec. W. M. Lindsay, Bd. 2, Oxford 1905.

Seneca d. Ä., Controversiae, Suasoriae, ed. and transl. by M. Winterbottom, 2 Bde., London 1974.

Seneca d. J., Opera omnia, ed., emend., scholiis illustr. ab I. Lipsius, Antwerpen 1605 (Neudruck 1652).

—, Dialogorum libri XII, rec. L. D. Reynolds, Oxford 1977.

—, De beneficiis, ed. C. Hosius, 2. Aufl., Leipzig 1915.

—, Questions naturelles, ed. P. Oltramare, 2. Aufl., Paris 1961.

—, Ad Lucilium epistulae morales, rec. L. D. Reynolds, Oxford 1965.

SVF: Stoicorum Veterum Fragmenta, coll. I. ab Arnim, Leipzig 1903—24 (Nachdruck Stuttgart 1964).

Suetonius, De vita Caesarum libri VIII, ed. M. Ihm, Leipzig 1908.

Tacitus, Ab excessu Divi Augusti (Annales), ed. E. Koestermann, Leipzig 1960 (2. verb. Nachdruck 1971).

—, Historiae, ed. E. Koestermann, Leipzig 1961 (verb. Nachdruck 1969).

Teles, Reliquiae, ed. O. Hense, 2. Aufl., Tübingen 1909.

2. ABHANDLUNGEN

Arnim, H. von, „Demetrios" Nr. 91, RE IV 8. Halbbd. 1901, 2843—44.

Bernays, J., Lucian und die Kyniker. Mit einer Übersetzung der Schrift Lucians über das Lebensende des Peregrinus, Berlin 1879.

Billerbeck, M., Epiktet, Vom Kynismus. Herausgegeben und übersetzt mit einem Kommentar. Philosophia Antiqua 34, Leiden 1978.

Bultmann, R., Der Stil der paulinischen Predigt und die kynisch-stoische Diatribe. Forschungen zur Religion und Literatur des Alten und Neuen Testaments 13, Göttingen 1910.

Capelle, W., De Cynicorum epistulis. Diss. Göttingen 1896.

Caspari, A., De Cynicis, qui fuerunt aetate imperatorum Romanorum. Jahresbericht des Königl. Gymnasiums zu Chemnitz 1896.

Dudley, D. R., A History of Cynicism. From Diogenes to the 6th Century A. D., London 1937 (Nachdruck Hildesheim 1967).

Emeljanow, V. E., The Letters of Diogenes. Diss. Stanford, Ann Arbor, Mich. (Univ. Microfilms) 1968.

Friedländer, L., Darstellungen aus der Sittengeschichte Roms, III, 10. Aufl., Leipzig 1923; IV, 9./10. Aufl., Leipzig 1921.

Geffcken, J., Kynika und Verwandtes, Heidelberg 1909.

Gerhard, G. A., Phoinix von Kolophon, Leipzig/Berlin 1909.

—, Zur Legende vom Kyniker Diogenes. Archiv für Religionswissenschaft 15, 1912, 388—408.

Geytenbeek, A. C. van, Musonius Rufus and Greek Diatribe. Transl. by B. L. Hijmans Jr.; Wijsgerige Teksten en Studies 8, Assen 1963.

Griffin, M. T., Seneca. A Philosopher in Politics, Oxford 1976.

Hadot, I., Seneca und die griechisch-römische Tradition der Seelenleitung. Quellen und Studien zur Geschichte der Philosophie 13, Berlin 1969.

Haussleiter, J., Der Vegetarismus in der Antike. Religionsgeschichtl. Versuche und Vorarbeiten 24, Berlin 1935.

Helm, R., Lucian und Menipp, Leipzig/Berlin 1906 (Nachdruck Hildesheim 1967).

Höistad, R., Cynic Hero and Cynic King. Studies in the Cynic Conception of Man, Uppsala 1948.

Kindstrand, J. F., Bion of Borysthenes. A Collection of the Fragments with Introduction and Commentary. Acta Universitatis Upsaliensis, Studia Graeca 11, Uppsala 1976.

Oltramare, A., Les origenes de la diatribe romaine. Diss. Genf, Lausanne 1926.

Pohlenz, M., Die Stoa. Geschichte einer geistigen Bewegung, 4. Aufl., 2 Bde., Göttingen 1971—72.

Rabbow, P., Seelenführung. Methodik der Exerzitien in der Antike, München 1954.

Traube, L., Demetrios der Kyniker. Rhein. Museum 40, 1885, 153 (= Kleine Schriften, hrsg. von S. Brandt, München 1920, 72).

Vischer, R., Das einfache Leben. Studienhefte zur Altertumswissenschaft 11, Göttingen 1965.

Weber, H., De Senecae philosophi dicendi genere Bioneo. Diss. Marburg 1895.

Wendland, P., Die hellenistisch-römische Kultur in ihren Beziehungen zu Judentum und Christentum. Handbuch zum Neuen Testament I 2.3, 2. und 3. Aufl., Tübingen 1912.

Wirszubski, Ch., Libertas as a Political Idea at Rome during the Late Republic and Early Principate, Cambridge 1950 (Dtsch. Übersetzung Darmstadt 1967).

Zeller, Ed., Die Philosophie der Griechen in ihrer geschichtlichen Entwicklung III, 5. Aufl., Leipzig 1923 (Nachdruck Darmstadt 1963).

EINLEITUNG

Kaum eine Darstellung der philosophischen Strömungen im frühkaiserzeitlichen Rom, sei sie allgemeiner Art[1] oder einer eingehenden Behandlung von Stoa und Kynismus gewidmet[2], unterläßt es, den Kyniker Demetrius zu nennen. Und dennoch ist die wenn auch nicht allzureichlich über ihn fließende Überlieferung jemals weder vollständig zusammengestellt noch kritisch untersucht worden. Es bleibt bei bloßen Verweisen auf die einschlägigen Zeugnisse[3]. Auch Hans von Arnims RE-Artikel[4] geht über den Versuch einer biographischen Skizze nicht hinaus. Und selbst Donald R. Dudley beschränkt sich in seiner Beschreibung der kynisch-stoischen Philosophie im 1. Jahrhundert n. Chr. im wesentlichen darauf, die Bedeutung des Demetrius innerhalb der sog. Philosophen-Opposition zu erörtern[5].

Die vorliegende Monographie ist aus dem Bestreben entstanden, der lehrhaften Seite des Demetrius mehr Aufmerksamkeit zu schenken, seine Beziehungen zur Stoa einerseits und seine Verhaftung im Kynismus andererseits aufzuzeigen und damit eine Lücke in der Kynismusforschung zu schließen. Den einschlägigen Äußerungen bei Seneca kommt dabei als der Hauptquelle größte Bedeutung zu. Sie erfordern aber zugleich eine äußerst sorgfältige Prüfung, da Senecas eigene Anschauungen mit der Lehre des Demetrius oft so verflochten sind, daß nur eine eingehende Analyse des Zusammenhangs die Nahtstellen sichtbar machen kann.

Eine notwendige Ergänzung zu dem aus Senecas Schriften herausgeschälten Porträt des Kynikers Demetrius bringen die nichtsenecanischen Zeugnisse. Sie geben uns Richtlinien für eine gerechte Würdigung dieser offenbar umstrittenen und dennoch anziehenden Philosophenpersönlichkeit.

---

[1] L. Friedländer, Sittengeschichte III 252ff.

[2] J. Bernays, Lucian und die Kyniker; Ed. Zeller, Die Philosophie der Griechen III 1,706ff.; M. Pohlenz, Die Stoa I 277ff.

[3] Als erster hat Christoph Martin Wieland (Lucians von Samosata Sämtliche Werke aus dem Griechischen übersetzt und mit Anmerkungen und Erläuterungen versehen, 3. Teil, Leipzig 1788, 266—76) in einer kurzen Abhandlung versucht, aufgrund der Hauptzeugnisse aus Seneca ein Bild des Kynikers Demetrius zu entwerfen. Sporadisch erwähnt wird Demetrius, mit dem falschen Beinamen Suniensis, in der Sammlung von A. Caspari, De Cynicis, qui fuerunt aetate imperatorum Romanorum.

[4] „Demetrios" Nr. 91, RE IV 2843f.   [5] A History of Cynicism 125—42.

KAPITEL I

DER KYNISMUS IN ROM

Die Frage nach dem ersten Auftreten von Kynikern in Rom ist eng verknüpft mit einem Hauptproblem in der Geschichte des Kynismus: lebte die im 4. Jahrhundert begründete kynische Bewegung als solche, wenn auch unterschwellig, im 2. und 1. Jahrhundert v. Chr. noch weiter, oder hatte sie, aufgesogen von der immer dominanter gewordenen Stoa, ihre Eigenständigkeit ganz eingebüßt und sich erst zwei Jahrhunderte später neu herausgebildet? Während kein Zweifel darüber besteht, daß wir es im 1. Jahrhundert n. Chr. mit einer eigentlichen Kynikerneubewegung zu tun haben, ist das Urteil über die beiden dunklen Jahrhunderte schwankend. Im Gegensatz zu Eduard Zeller und Jacob Bernays[1], die ein völliges Aussterben der kynischen Sekte nach dem 3. Jahrhundert v. Chr. annahmen, hat Donald R. Dudley[2] mit Recht darauf hingewiesen, daß trotz Fehlen markanter Anhänger kynischer Einfluß sich weiterhin in der zeitgenössischen Literatur widerspiegelt, wenn auch bei weitem nicht in gleichem Maß wie im 3. Jahrhundert. Der Mangel an Persönlichkeiten, wie sie der alte Kynismus in Diogenes und Krates besaß, trug offenbar dazu bei, die Grenzen zwischen stoischer und kynischer Ethik immer mehr zu verwischen; es bildete sich jene Anschauung heraus, die mit dem Sammelbegriff kynisch-stoische Popularphilosophie bezeichnet wird. Daß im 2. Jahrhundert der Mittelstoiker Panaitios sich offensichtlich mit einem kynisierenden Flügel innerhalb seiner Schule auseinanderzusetzen hatte, erhellt aus zwei in Ciceros Schrift De officiis überlieferten Äußerungen. Im Abschnitt über die ideale Persönlichkeit (I 93—151), in welchem Cicero die *verecundia*, den αἰδώς-Begriff des Panaitios, abhandelt (99.126—129), übernimmt er auch dessen Polemik gegen die Kyniker und die kynisierenden Stoiker. Diese anerkennen kein Schamgefühl, da nicht schimpflich sein könne,

---

[1] Ed. Zeller, Die Philosophie der Griechen III 1,287f., 791f; J. Bernays, Lucian und die Kyniker 27f.
[2] A History of Cynicism 117—24; vgl. auch G. A. Gerhard, Phoinix 171; ders., Zur Legende vom Kyniker Diogenes 388f.

was natürlich ist³. Noch deutlicher ist die Absage an die kynische
Schamlosigkeit in I 148: *Cynicorum vero ratio tota est eicienda:
est enim inimica verecundiae, sine qua nihil rectum esse potest,
nihil honestum*⁴. Die kynisierende Tendenz innerhalb der Stoa ist
durch Panaitios' älteren Zeitgenossen Apollodoros von Seleukeia
gut bezeugt, D. L. VII 121 (SVF III Apoll. Sel. 17) Κυνιεῖν τ' αὐτόν
(sc. τὸν σοφόν)· εἶναι γὰρ τὸν κυνισμὸν σύντομον ἐπ' ἀρετὴν ὁδόν, ὡς
Ἀπολλόδωρος ἐν τῇ Ἠθικῇ. Auf den Widerstreit beider Strömungen
innerhalb der Stoa weist Cicero, de fin. III 68 hin: *Cynicorum
autem rationem atque vitam alii cadere in sapientem dicunt, si
qui eius modi forte casus inciderit, ut id faciendum sit, alii nullo
modo.* Eine ähnliche Position überliefert auch Areios Didymos in
seinem Abriß der stoischen Ethik, Stob. II 7,11⁸, p. 114,24 W.
κυνιεῖν τε τὸν σοφὸν λέγουσιν, ἴσον τῷ ἐπιμενεῖν τῷ κυνισμῷ, οὐ μὴν
σοφὸν ὄντα ἐνάρξεσθαι τοῦ κυνισμοῦ⁵.

Spuren eines zeitgenössischen Kynismus finden sich in der vor-
kaiserzeitlichen lateinischen Literatur nicht. Wie sich nämlich die
bei Cicero aufgenommene Polemik gegen die kynischen Einflüsse
innerhalb der mittleren Stoa richtet, sind Varros Saturae Menip-
peae römische Adaptionen der griechisch-kynischen Satire und
stammen die Kynikeranspielungen bei römischen Szenikern aus
deren griechischen Vorbildern. So vergleicht Plautus im „Persa"
die Armut des Parasiten mit der wohlbekannten Dürftigkeit des
Kynikers:

123—26 *Cynicum esse egentem oportet parasitum probe:
ampullam, strigilem, scaphium, soccos, pallium,
marsuppium habeat, inibi paullum praesidi
qui familiarem suam vitam oblectet modo*⁶.

---

³ I 128 *nec vero audiendi sunt Cynici, aut si qui fuerunt Stoici paene Cynici,
qui reprehendunt et irrident, quod ea, quae re turpia non sint, verbis flagitiosa
ducamus, illa autem, quae turpia sunt, nominibus appellemus suis.* Vgl. dazu
M. Pohlenz, Antikes Führertum, Berlin/Leipzig 1934, 75.

⁴ Seit Panaitios nimmt der Begriff der αἰδώς in der stoischen Ethik einen
wichtigen Platz ein. Zu dessen Nachwirkung bei Musonius und Epiktet s. meinen Kommentar zu Epict. III 22,15, S. 67f.

⁵ Zum Wortlaut s. meinen Kommentar zu Epict. III 22,1, S. 44, Anm. 2.

⁶ vgl. dazu die Behandlung der Verse bei F. Leo, Hermes 41, 1906, 441—46
(= Kl. Schriften I 185—190). Speziell zum griech. Vorbild des „Persa" s.
U. von Wilamowitz-Moellendorff, Kl. Schriften II 263f.; Ed. Fraenkel, Plau-
tinisches in Plautus. Philolog. Unters. 28, Berlin 1922, 89, Anm. 2. Zur Kyniker-
ausstattung vgl. die Epigramme des Leonidas von Tarent, AP VI 293; VII 67;
dazu s. J. Geffcken, Leonidas von Tarent. Jahrbb. für class. Philol., Suppl. 23,
Leipzig 1896, 71f.; A. S. F. Gow-D. L. Page, The Greek Anthology: Hellenistic
Epigrams, Cambridge 1965, II 362f.

Beim Mimographen Laberius, Compitalia fr. 3 Ribbeck[2], steht hinter dem derben Befehl *sequere ⟨me⟩ in latrinum, ut aliquid gustes ex Cynica haeresi* die sprichwörtliche Tradition der kynischen ἀναίδεια[7].

Innerhalb der griechischen Philosophie, die seit der Mitte des 2. Jahrhunderts v. Chr. in Rom heimisch wurde, hatte sich die Stoa als die den spezifisch römischen Bedürfnissen am meisten entsprechende philosophische Richtung erwiesen und sich daher zur herrschenden Schule entwickelt. Auch war ihr dogmatisches Spektrum breit genug, den stoischen Weisen sowohl als autarken Asketen wie als gesellschaftlich-politisch gerundete Persönlichkeit aufzufassen[8]. Daß sich seit der frühen Kaiserzeit eine betont asketische Strömung anbahnte, hängt wohl mit dem allgemein um sich greifenden Luxus zusammen[9]. Von hier läßt sich auch am ehesten erklären, weshalb gerade unter den julisch-claudischen Kaisern die neukynische Bewegung sich ausbreitete. Im Gegensatz zu den alten Kynikern verbiß sich diese, wie wir noch genauer sehen werden, besonders in die scharfe Polemik gegen den luxuriösen Lebensstil.

Ansätze einer kynisierenden Haltung zeigt bereits, wenn auch noch unausgesprochen, Senecas früher stoischer Lehrer Attalus. Ein Mann von großer rednerischer Begabung, äußerst scharfsinnig und beredt, wurde er auf Betreiben des ränkesüchtigen Seianus von Tiberius verbannt[10]. Das Bild, das wir aus Senecas Aufzeichnungen in den Briefen an Lucilius gewinnen, ist das eines asketischen Stoikers. Seine kynisierende Haltung tritt vor allem zutage in der Rede gegen Reichtum und Luxus, welche Seneca ihm in ep. 110,14—20 in den Mund legt:

14. ,diu' inquit ,mihi inposuere divitiae. Stupebam ubi aliquid ex illis alio atque alio loco fulserat; existimabam similia esse quae laterent his quae ostenderentur. Sed in quodam apparatu vidi totas opes urbis, caelata et

---

[7] Sprichwörtlich ist natürlich auch die kynische Freimütigkeit im Reden (παρρησία), auf welche Plutarch (Brutus 34,5) in der Charakterisierung des Marcus Favonius hinweist, ohne dadurch den erklärten Stoiker (vgl. auch Plut. Caesar 21,8) zum Kyniker abstempeln zu wollen.

[8] Eine gute Darstellung dieser polaren Haltung, exemplifiziert an Seneca, gibt M. T. Griffin, Seneca 296—314.

[9] Tacitus, ann. III 55 nennt den Luxus als Merkmal für das Jahrhundert zwischen der Schlacht bei Actium (31 v. Chr.) und den Wirren nach Neros Tod (68 n. Chr.).

[10] Seneca d. Ä., suas. 2,12 *Attalus Stoicus, qui solum vertit a Seiano circumscriptus, magnae vir eloquentiae, ex his philosophis quos vestra aetas vidit longe et subtilissimus et facundissimus.*

auro et argento et iis quae pretium auri argentique vicerunt, exquisitos colores et vestes ultra non tantum nostrum sed ultra finem hostium advectas; hinc puerorum perspicuos cultu atque forma greges, hinc feminarum, et alia quae res suas recognoscens summi imperii fortuna protulerat. 15. „Quid hoc est" inquam „aliud inritare cupiditates hominum per se incitatas? quid sibi vult ista pecuniae pompa? ad discendam avaritiam convenimus?" At mehercules minus cupiditatis istinc effero quam adtuleram. Contempsi divitias, non quia supervacuae sed quia pusillae sunt. 16. Vidistine quam intra paucas horas ille ordo quamvis lentus dispositusque transierit? Hoc totam vitam nostram occupabit quod totum diem occupare non potuit? Accessit illud quoque: tam supervacuae mihi visae sunt habentibus quam fuerunt spectantibus. 17. Hoc itaque ipse mihi dico quotiens tale aliquid praestrinxerit oculos meos, quotiens occurrit domus splendida, cohors culta servorum, lectica formonsis inposita calonibus: „quid miraris? quid stupes? pompa est. Ostenduntur istae res, non possidentur, et dum placent transeunt." 18. Ad veras potius te converte divitias; disce parvo esse contentus et illam vocem magnus atque animosus exclama: habemus aquam, habemus polentam; Iovi ipsi controversiam de felicitate faciamus. Faciamus, oro te, etiam si ista defuerint; turpe est beatam vitam in auro et argento reponere, aeque turpe in aqua et polenta. 19. „Quid ergo faciam si ista non fuerint?" Quaeris quod sit remedium inopiae? Famem fames finit: alioquin quid interest magna sint an exigua quae servire te cogant? quid refert quantulum sit quod tibi possit negare fortuna? 20. Haec ipsa aqua et polenta in alienum arbitrium cadit; liber est autem non in quem parum licet fortunae, sed in quem nihil. Ita est: nihil desideres oportet si vis Iovem provocare nihil desiderantem.'

14. „Lange hat mich Reichtum getäuscht. Starr vor Staunen war ich jedesmal, wenn ich hier und da so etwas glänzen sah. Ich glaubte, dem Gezeigten würde entsprechen, was nicht gezeigt wurde. Doch einmal sah ich bei einer Festveranstaltung alle Schätze einer Stadt, getriebene Geräte aus Gold und Silber und aus Material, welches den Wert dieser noch überstieg, sowie auserlesene farbene Gewänder, die man nicht nur aus Gegenden jenseits unserer Reichsgrenze, sondern sogar von jenseits unserer Feinde Länder hatte heranschaffen lassen. Auffallend in Putz und Schönheit kam hier eine Schar junger Sklaven, dort eine Gruppe von Sklavinnen, dazu anderes mehr, was der Wohlstand des mächtigsten Reiches, seine Schätze musternd, aufgeboten hatte. 15. „Was ist das anderes, sagte ich mir, als die bereits angestachelten Begierden der Menschen noch zu schüren? Was soll dieser Geldprotz? Sind wir zusammengekommen, um Habsucht zu lernen?" Doch, beim Hercules, ich ging von dort mit weniger Begierde nach Hause als ich mitgebracht hatte. Ich kehrte dem Reichtum den Rücken, nicht weil er überflüssig, sondern weil er kümmerlich ist. 16. Hast du nicht bemerkt, wie jener Festzug, obwohl er langsam und wohlgeordnet vorüberzog, in wenigen Stunden vorbei war? Soll das Inhalt unseres ganzen Lebens sein, was nicht einmal einen einzigen Tag auszufüllen vermochte? Dazu kam noch etwas: der Reichtum schien mir für die Besitzer ebenso überflüssig wie für die

Zuschauer. 17. Daher sage ich mir jedesmal, wenn etwas Derartiges meine Augen blendet, wenn mein Blick auf ein prachtvolles Haus, eine Schar wohlausstaffierter Sklaven oder auf eine Sänfte fällt, die gutaussehende Diener tragen: „Was stehst du in Bewunderung? Was staunst du? Äußerer Prunk ist es. Nur Schaustellung sind diese Dinge, kein Besitz; noch während sie gefallen, vergehen sie." 18. Wende dich vielmehr dem wahren Reichtum zu. Lerne, mit wenig zufrieden zu sein und rufe mutig und beherzt aus: Wasser haben wir und Graupen. Mit Jupiter selbst wollen wir uns in der Glückseligkeit messen. Ja, wir wollen es tun, selbst wenn uns beides fehlte. Eine Schande ist es, das Lebensglück auf Gold und Silber zu gründen, ebenso schändlich aber auch, wenn auf Wasser und Graupen. 19. „Was soll ich also tun, wenn ich beides nicht habe?" Du fragst, welches Mittel es gegen Not gibt? Hunger wird durch Hunger gestillt; übrigens, was macht es für einen Unterschied, ob es große oder kleine Dinge sind, die dich zwingen Sklave zu sein? Was macht es aus, wie winzig ist, was das Schicksal dir verwehren kann? 20. Selbst das Wasser und die Graupen unterliegen noch fremder Willkür; frei ist nämlich nicht, gegen wen das Schicksal wenig vermag, sondern über wen es gar keine Macht hat. Denn so verhält es sich: bedürfnislos mußt du sein, wenn du Jupiter herausfordern willst, der Bedürfnisse nicht kennt.'

In welchem Maß die bei Seneca aufgenommenen Äußerungen des Attalus im modernen Sinn authentisch sind, läßt sich nicht mit Sicherheit ausmachen[11]. Die Topoi, aus welchen diese Sittenpredigt aufgebaut ist, gehören zu den bekanntesten der kynisch-stoischen Diatribe[12]. Vor Beeindruckung durch Reichtum (14.17) warnt z.B. der Kyniker bei Epict. III 22,7f.; vgl. auch Hor. sat. II 2,5f. Die Aufzählung kostbarer Gegenstände und exotischer Schätze (14) ist ein fester Bestandteil der Tiraden gegen den Luxus[13]. Reichtum, der zu Gier und Habsucht verleitet (15), ist ein Hauptthema der Popularphilosophie[14]. Bedürfnislosigkeit[15] und Autarkie (18—20)

---

[11] s. dazu unten S. 19—20.

[12] Zusammengestellt sind die Topoi gegen Reichtum und Luxus, mit Behandlung ihres literarischen Hintergrundes, bei R. Vischer, Das einfache Leben, bes. 60—71; 75—88. Zur Diatribe im allg. s. R. Bultmann, Der Stil der paulin. Predigt und die kyn.-stoische Diatribe; J. F. Kindstrand, Bion of Borysthenes 97—99.

[13] s. unten S. 23—25. Dies gilt besonders für die Invektiven gegen Schlemmerei; vgl. z.B. Horaz, sat. II 2,21—38. Zu diesem Topos s. van Geytenbeek, Musonius Rufus 107.

[14] Berühmteste Ausführung dieses Themas in der lat. Literatur ist wohl Horaz, sat. I 1; s. dazu die ausführliche Behandlung von H. Herter, Rh. Mus. 94, 1951, 1—42; Ed. Fraenkel, Horace, Oxford 1957, 90—94 (dtsch. Übersetzung, Darmstadt 1963, 108—112).

[15] Die einfache Nahrung von Gerstengraupen (*polenta*) ist das Gegenstück zu den Lupinen der Altkyniker; vgl. D. L. VI 48. 86; zum Wassertrinken vgl.

sind Grundbegriffe des Kynismus. Der Hunger als Hungerbezwinger (19) ist ein kynisches Schlagwort[16].

In die Richtung der kynisch-stoischen Diatribe weisen auch die Stichwörter, die Seneca in ep. 108,13f. für Attalus' Sittenpredigten nennt:

13. Ego certe cum Attalum audirem in vitia, in errores, in mala vitae perorantem, saepe miseritus sum generis humani et illum sublimem altioremque humano fastigio credidi. Ipse regem se esse dicebat, sed plus quam regnare mihi videbatur cui liceret censuram agere regnantium. 14. Cum vero commendare paupertatem coeperat et ostendere quam quidquid usum excederet pondus esset supervacuum et grave ferenti, saepe exire e schola pauperi libuit. Cum coeperat voluptates nostras traducere, laudare castum corpus, sobriam mensam, puram mentem non tantum ab inlicitis voluptatibus sed etiam supervacuis, libebat circumscribere gulam ac ventrem.

13. Mir wenigstens erging es so: wenn ich Attalus gegen Laster, Verirrungen, Lebensübel eindringlich reden hörte, ergriff mich oft Mitleid mit dem Menschengeschlecht, und ich betrachtete ihn als hoch erhaben über der sittlichen Höhe von uns Menschen. Er selbst bezeichnete sich als einen König; für mich aber stand er über den Königen, da er doch der Censor über Könige sein durfte. 14. Wenn er aber gar anfing, die Armut zu preisen und darzulegen, wie alles, was den Bedarf übersteige, nur überflüssiger schwerer Ballast sei, hätte man gern die Schule arm verlassen. Wenn er sich anschickte, unsere Lüste anzuprangern, die Keuschheit des Leibes zu loben, die Mäßigkeit im Essen sowie die Reinheit des Herzens, und zwar nicht nur von unerlaubten, sondern auch von überflüssigen Begierden, dann verlangte einen danach, Gaumen und Magen zu zügeln.

In III 22,26—44 beschreibt Epiktet, wie der Kyniker nach dem Vorbild des kynisch gefärbten Sokrates in [Plat.] Clit. 407 b die Menschheit auf ihre Verirrungen und Laster aufmerksam macht und sie zur Umkehr anruft[17]. Die in § 14 genannten Themen, einfacher Lebensstil, Lust, Keuschheit, Mäßigkeit im Essen, behandelt Musonius Rufus in den Diatriben, die Fragen des täglichen Lebens zum Inhalt haben (XII; XVIII A + B; XIX). Zwei Schlagwörter lassen sogar eine direkte Verbindung zum Kynismus ziehen. Dem Anspruch des Attalus, sich selbst König zu nennen (13), liegt die

---

D. L. VI 31. 90. 104; Dio Chrys. 6,12. Zur einfachen kynischen Nahrung s. auch J. F. Kindstrand, Bion of Borysthenes 215.

[16] vgl. die Stellensammlung bei J. F. Kindstrand, Bion of Borysthenes 216f.

[17] vgl. auch die fiktive Rede des Sokrates bei Seneca, de vit. beat. 25,4—8.

kynische Umwertung des Königtums zugrunde[18]; nur der asketische Philosoph ist wahrhaft König, denn er allein ist wirklich unabhängig und geeignet, den andern Menschen vorzustehen. Die Stoa hat dieses kynische Erbe aufgenommen in dem Lehrsatz, daß nur der Weise König sei (SVF III 617—622)[19]. Die Reinheit des Herzens (14 *pura mens*) ist für den wahren Kyniker eine Grundvoraussetzung[20].

Ein Beispiel von Attalus' Askese nennt Seneca in ep. 108,23. Die dort von jenem angepriesene harte Matratze (*culcita*) entspricht dem Feldbett (*grabattus*) der Kyniker (vgl. ep. 20,9.11). Auf einem solchen zu schlafen, galt als Zeichen von Bedürfnislosigkeit; daher gebrauchen es auch diejenigen, welche, des Luxus überdrüssig, für einige Tage den Kyniker spielen wollen (ep. 18,7).

Daß die ethische Unterweisung des Attalus auch in ihrer Diktion der kynisch-stoischen Diatribe nahestand, zeigen Senecas Kostproben von dessen Begabung für das Bonmot[21] und den treffenden Vergleich[22], besonders wenn dieser nach popularphilosophischer

---

[18] vgl. dazu die ausführliche Darstellung bei R. Höistad, Cynic Hero and Cynic King 179—222.

[19] vgl. dazu meinen Kommentar zu Epict. III 22,34, S. 96f.

[20] Epiktet betont das ‚reine Hegemonikon' (καθαϱὸν ἡγεμονικόν) des Kynikers, III 22,19 (s. dazu meinen Kommentar, S. 72f.); 93. 95.

[21] ep. 81,22 ‚*malitia ipsa maximam partem veneni sui bibit*' („den größten Teil ihres Giftes trinkt die Bosheit selbst"), ep. 108,3 ‚*idem . . . et docenti et discenti debet esse propositum, ut ille prodesse velit, hic proficere*' („Lehrer und Schüler müssen das gleiche Ziel haben: jener muß nützen wollen, dieser Nutzen ziehen wollen").

[22] ep. 9,7 *Attalus philosophus dicere solebat iucundius esse amicum facere quam habere, ‚quomodo artifici iucundius pingere est quam pinxisse*'. (Der Philosoph Attalus pflegte zu sagen, daß Freunde zu gewinnen reizvoller sei als Freunde zu haben, „wie das Malen einem Künstler mehr Spaß macht als das Gemälde").

ep. 63,5f. ‚*sic amicorum defunctorum memoria iucunda est quomodo poma quaedam sunt suaviter aspera, quomodo in vino nimis veteri ipsa nos amaritudo delectat; cum vero intervenit spatium, omne quod angebat extinguitur et pura ad nos voluptas venit*'. . . . 6. ‚*amicos incolumes cogitare melle ac placenta frui est: eorum qui fuerunt retractatio non sine acerbitate quadam iuvat. Quis autem negaverit haec acria quoque et habentia austeritatis aliquid stomachum excitare?*' („Die Erinnerung an verstorbene Freunde ist in dem Sinn angenehm wie manche Früchte ein angenehm saures Aroma haben, oder wie uns bei sehr altem Wein gerade der herbe Geschmack gefällt; nach einer Weile jedoch verschwindet alles Beengende und es bleibt uns der reine Genuß." . . . 6. „An Freunde, denen es gut geht, zu denken ist wie das Genießen von Honig und Kuchen. Das Zurückdenken an verstorbene Freunde bringt Freude nicht ohne eine gewisse Bitterkeit. Wer will aber behaupten, daß auch das Scharfe und das leicht Bittere nicht den Gaumen reize?")

Manier aus dem Militärleben[23] oder der Tierwelt[24] geholt wird.

Zusammenfassend können wir sagen, daß Attalus dieselbe philosophische Tradition vertrat wie sein etwas jüngerer Zeitgenosse Musonius. Beide waren erklärte Stoiker[25], zeigten aber in Fragen der praktischen Lebensführung einen betont asketischen, kynisierenden Zug. Was von ihrer ethischen Unterweisung überliefert ist, zeigt deutlich ihre Nähe zur kynisch-stoischen Popularphilosophie und ihren Standort in der literarischen Tradition der Diatribe. Wie Seneca sich zu Attalus als seinem Lehrer bekannte und dessen geistiges Erbe in den Briefen an Lucilius aufgenommen hat, erwies sich später Epiktet in vielen seiner Diatriben als echter Nachfolger des Musonius.

Der erste uns namentlich bekannte Mann, der in Rom als eigentlicher Kyniker[26] galt, war Demetrius. Über seine Lebensumstände sind wir nur sehr lückenhaft unterrichtet. Herkunft und Lebensdaten sind unbekannt. Doch läßt sich mit einiger Wahrscheinlichkeit sagen, daß er, aufgewachsen im römischen Osten, als junger Mann unter Tiberius oder Gaius nach Rom kam und dort, mit Unterbrechungen wegen Verbannung, bis in die Regierungszeit Vespasians gewirkt hat. Eine Nachricht bei Seneca (de ben. VII 11) bringt ihn mit Caligula zusammen und setzt demnach voraus, daß er damals in der Hauptstadt des Reiches schon einige Berühmtheit erlangt oder zumindest die Aufmerksamkeit auf sich gezogen hatte.

---

[23] ep. 67,15 ‚malo me fortuna in castris suis quam in deliciis habeat. Torqueor, sed fortiter: bene est. Occidor, sed fortiter: bene est.‘ („Lieber will ich, daß das Schicksal mich unter seinem Kriegskommando hat denn als Liebling hegt. Gefoltert werde ich, aber standhaft: gut so. Ich falle, aber tapfer: gut so"). Zum Gebrauch der Militärsprache in der Diatribe s. meinen Kommentar zu Epict. III 22,69, S. 133.

[24] ep. 72,8 ‚vidisti aliquando canem missa a domino frusta panis aut carnis aperto ore captantem? quidquid excepit protinus integrum devorat et semper ad spem venturi hiat. Idem evenit nobis: quidquid expectantimus fortuna proiecit, id sine ulla voluptate demittimus statim, nur rapinam alterius erecti et attoniti.‘ („Hast du schon einmal gesehen, wie ein Hund die ihm von seinem Herrn zugeworfenen Brot- oder Fleischbrocken mit offenem Maul auffängt? Alles, was er schnappt, verschlingt er ungekaut und wartet mit aufgesperrtem Rachen auf weitere Brocken. Ebenso geht es uns: was das Schicksal uns in unserer Erwartung zuwirft, das schlucken wir sofort herunter, ohne es zu genießen, gespannt und gebannt in der Erwartung auf weitere Beute.") Zum Tiervergleich in der Popularphilosophie s. G. A. Gerhard, Phoinix 23—30.

[25] Zu C. Musonius Rufus vgl. Tac. hist. III 81,1 Musonius Rufus equestris ordinis, studium philosophiae et placita Stoicorum aemulatus.

[26] Seneca, de ben. VII 1,3; de vit. beat. 18,3; Sueton, Vesp. 13; Tacitus, ann. XVI 34,1; hist. IV 40,3; Lukian, adv. indoct. 19; Cassius Dio LXVI 13.

Wie Musonius und Epiktet beschränkte er seine Lehrtätigkeit auf mündliche Vorträge[27]. Von einer eigentlichen Schule, die er geführt hätte, wissen wir nichts, obwohl der aus Lukian bekannte Demonax einige Zeit bei ihm gehört haben soll[28]. Immerhin verschaffte er sich, wie wir bei Tacitus (ann. XVI 34) erfahren, wohl dank seiner starken Persönlichkeit, Zugang zu den vornehmsten Familien und bewegte sich im gesellschaftlichen Kreis um Thrasea Paetus. Die Kenntnis von Demetrius' philosophischer Einstellung und Lehre verdanken wir, wie im Fall des Attalus, hauptsächlich den Aufzeichnungen Senecas.

[27] Weiteres dazu s. im Exkurs 1, S. 57.
[28] Lukian, Dem. 3.

KAPITEL II

DARSTELLUNG DES DEMETRIUS
IN DEN SCHRIFTEN SENECAS

1. Senecas Verhältnis zu den Kynikern

Schon die erste ernsthafte Beschäftigung mit Philosophie hatte Seneca in Berührung mit einer asketischen Richtung gebracht. Als Jüngling war er unter den Einfluß des Papirius Fabianus gekommen[1], der sich bereits als Zwanzigjähriger[2] der Sekte des Q. Sextius angeschlossen und seine rednerische Begabung in den Dienst der philosophischen Belehrung gestellt hatte[3]. Diese Schule gilt als die erste philosophische Bewegung, die in Rom selbst entstanden war. Ihr Gründer Q. Sextius, von Geburt und Stand für die politische Laufbahn bestimmt, hatte Caesars Angebot, einen Platz unter den Senatoren anzunehmen, abgelehnt, um sich ganz der Philosophie zu widmen[4]. Obwohl er seine Schriften in Griechisch verfaßte, war seine Philosophie römisch geprägt[5]. Seneca bezeichnet ihn als Stoiker, obwohl jener selbst diese Bezeichnung ablehnte[6]. Der Grund dafür mag, wie M. T. Griffin vermutet[7], im Anspruch liegen, Neugründer einer römischen Schule zu sein; tatsächlich weicht er im Eklektizismus und in der starken Betonung der Askese von der kanonischen Stoa seiner Zeit deutlich ab. Offensichtliche Züge aus dem gleichzeitig in Rom florierenden akusmatischen Pythagoreismus[8] sind der Vegetarismus[9] und die Gewissenserfor-

---

[1] vgl. ep. 100,12.

[2] M. T. Griffin, JRS 62, 1972, 16, Anm. 175.

[3] Seneca d. Ä. controv. II pr. 4f. *aliquando cum Sextium audiret nihilominus declamitabat, et tam diligenter ut putares illum illi studio parari, non per illud alteri praeparari. . . . 5 eloquentiae studebat non eloquentiae causa.*

[4] Sen. ep. 98,13; zu Q. Sextius' Lebensdaten s. A. Oltramare, Diatribe romaine 155f.; M. T. Griffin, Seneca 38, Anm. 4.

[5] Sen ep. 59,7 *Sextium ecce cum maxime lego, virum acrem, Graecis verbis, Romanis moribus philosophantem.*

[6] ep. 64,2 *Quinti Sextii patris* (vgl. ep. 98,13), *magni, si quid mihi credis, viri, et licet neget Stoici.* Vgl. dazu A. Oltramare, Diatribe romaine 162.

[7] Seneca 38.

[8] s. J. Haussleiter, Der Vegetarismus in der Antike 296—99.

[9] Sen. ep. 108,17.

schung¹⁰. Grund der Abstinenz war aber, wie Seneca sagt, für Sextius nicht der pythagoreische Glaube an die Seelenwanderung, sondern die Askese um der körperlichen und geistigen Gesundheit wegen. Nicht nur sei Fleischnahrung tierisch und deswegen den Tieren angemessen, sondern sie sei dem Menschen auch unbekömmlich und mache ihn geistig schwerfällig¹¹. Nicht anders sind die Argumente des Musonius, der ebenfalls Enthaltung von Fleischgenuß empfiehlt¹². Was auch immer letztlich der Grund der Überzeugung war, Seneca enthielt sich für ein Jahr jeglicher tierischer Nahrung und gab seine Enthaltsamkeit erst auf, als Tiberius 19 n. Chr. alle ägyptischen und jüdischen Riten verbot und Seneca daher durch seinen Vegetarismus nicht in den Verdacht kommen wollte, Anhänger fremden Aberglaubens zu sein¹³. Obwohl Seneca seine jugendliche Neigung zur pythagoreischen Diätetik mit seiner Sympathie für die Sextier zusammenbringt, stand diese Sekte dennoch dem eigentlichen Neupythagoreismus unvergleichbar viel ferner als der streng asketischen, kynisierenden Richtung innerhalb der Stoa. Wenn jedoch A. Oltramare versucht, den Sextiern innerhalb der kynisch-stoischen Diatribenliteratur einen festen Platz zuzuweisen¹⁴, so geht er darin zu weit. Denn die spärlichen Zeugnisse reichen nicht aus, um aus ihnen das fehlende Glied zwischen der hellenistischen und der kaiserzeitlichen Diatribe zu rekonstruieren¹⁵.

---

¹⁰ Sen. de ira III 36,1; zu dieser pythag. Praxis vgl. Carmen aureum 40—42, ed. D. Young in: Theognis, Ps.-Pythagoras et al., 2. Aufl. Leipzig 1971, 90; für weitere Belegstellen s. Young ad loc.; s. auch A. Oltramare, Diatribe romaine 163, der diese Praxis als eine allg. popularphilosophische Gepflogenheit auffaßt. Zur dortigen Anm. 4 vgl. Iambl., Vit. Pyth. 165f.

¹¹ ep. 108,18 *homini satis alimentorum citra sanguinem esse credebat et crudelitatis consuetudinem fieri ubi in voluptatem esset adducta laceratio. Adiciebat contrahendam materiam esse luxuriae; colligebat bonae valetudini contraria esse alimenta varia et nostris aliena corporibus.*

¹² Muson. p. 95,10 τὴν μέντοι κρεώδη τροφὴν θηριωδεστέραν ἀπέφηνε καὶ τοῖς ἀγρίοις ζῴοις προσφορωτέραν. εἶναι δὲ ταύτην ἔλεγε καὶ βαρυτέραν καὶ τῷ νοεῖν τι καὶ φρονεῖν ἐμπόδιον. S. dazu van Geytenbeek, Musonius Rufus 101—103. Sen. ep. 108,21 *alimenta tibi leonum et vulturum eripio.* Vegetarismus im alten Kynismus meint offenbar auch D. L. VI 105 (βοτάναι); s. dazu J. Haussleiter, Der Vegetarismus in der Antike 167—84; zu Musonius s. S. 263—69.

¹³ ep. 108,22.

¹⁴ Diatribe romaine Kap. 8, S. 153—189.

¹⁵ Besonders spekulativ ist Oltramares Versuch, Sextius aus Plutarch zu rekonstruieren (169—179).

Für Fragen der wissenschaftlichen Forschung zwar aufgeschlossen[16], pflegte die Schule ihr Hauptinteresse aber auf dem Gebiet der praktischen Ethik[17]. Von der zeitgenössischen stoischen Schulethik unterschied sie sich durch ihren einfachen Rigorismus: Einfachheit und Mäßigkeit sind ihre Schlüsselworte[18]. Die Dialektik tritt hinter der Paränese zurück[19]. Wie sehr die ethische Unterweisung der Sextier in der kynisch-stoischen Popularphilosophie verankert war, können wir aus zwei längeren, bei den beiden Senecae überlieferten, Zeugnissen schließen. In ep. 59,7—8 verweist der jüngere Seneca auf einen von Sextius offenbar gern benutzten Vergleich zwischen einem Heer, das durch seine Marschformation stets kampfbereit ist, und dem Weisen, der sich mit seiner Tugend so wappnet, daß er gegen alle Anfechtungen gefeit ist. Wie Attalus verwendete also auch Sextius Metaphern aus dem Militärleben[20]. Noch deutlicher ist die geistige Nähe zu Attalus und dem kynisierenden Stoikerflügel in der beim älteren Seneca

---

[16] vgl. die Zusammenstellung der Testimonia zu den naturwissenschaftlichen Schriften des Papirius Fabianus und den enzyklopädischen und medizinischen Werken des Cornelius Celsus bei M. Schanz - C. Hosius, Geschichte der römischen Literatur II, 4. Aufl. München 1935, 359f. und 723—27.

[17] Daß sich übrigens auch der Stoiker Attalus neben Ethik noch mit Naturwissenschaft beschäftigte, erhellt aus Sen. nat. quaest. II 48,2; 50,1.

[18] Sen. ep. 73,15 *Credamus itaque Sextio monstranti pulcherrimum iter et clamanti ‚hac itur ad astra, hac secundum frugalitatem, hac secundum temperantiam, hac secundum fortitudinem'.*

[19] Sen. ep. 64,3 *Quantus in illo* (sc. *Sextio*), *di boni, vigor est, quantum animi! Hoc non in omnibus philosophis invenies: quorundam scripta clarum habentium nomen exanguia sunt. Instituunt, disputant, cavillantur, non faciunt animum quia non habent: cum legeris Sextium, dices, ‚vivit, viget, liber est, supra hominem est, dimittit me plenum ingentis fiduciae'.* (Ihr guten Götter, welche Kraft steckt in ihm, welcher Geist! Das wirst du nicht bei allen Philosophen finden: Viele haben zwar einen berühmten Namen und dennoch sind ihre Schriften blutleer. Sie belehren, diskutieren, bringen scherzhafte Sophistereien; Geist erwecken sie nicht, weil sie keinen haben. Wenn du aber Sextius liest, wirst du sagen: „er hat Leben, Energie, Unabhängigkeit; er steht über den Menschen; er entläßt mich erfüllt von mächtigem Selbstvertrauen.")

de brev. vit. 10,1 *Solebat dicere Fabianus, non ex his cathedrariis philosophis, sed ex veris et antiquis, contra affectus impetu, non subtilitate pugnandum, nec minutis vulneribus sed incursu avertendam aciem. [non probabat cavillationes] ⟨vitia⟩ enim contundi debere, non vellicari.* (Fabianus, nicht einer von diesen Schulphilosophen, sondern einer vom wahren alten Schlag, pflegte zu sagen: „Gegen die Leidenschaften muß man mit Schlagkraft kämpfen, nicht mit Behutsamkeit; nicht durch unbedeutende Verwundung, sondern im Sturm muß man den Feind abwenden. [Sophistische Spielereien lehnt er ab:] Zerschmettern muß man die Laster, nicht rupfen.")

[20] vgl. S. 10 Anm. 23.

aufgenommenen Probe aus Papirius Fabianus' Deklamation gegen den Luxus[21].

Der kurze Überblick über die philosophischen Lehrer des jungen Seneca hat gezeigt, daß dieser durchaus mit der asketischen Richtung innerhalb der Stoa und den popularphilosophischen Bewegungen vertraut war. So ist es denn auch nicht verwunderlich, in seinen Schriften Spuren einer Auseinandersetzung mit dem neuaufkommenden Kynismus zu finden[22].

Das Verhältnis zwischen Stoa und Kynismus umreißt Seneca in knappster Form in de brev. vit. 14,2, wo er die Hauptschulen kurz charakterisiert: streiten kann man mit Sokrates (= alte Akademie), zweifeln mit Karneades (= neue Akademie), sich zurückziehen mit Epikur, mit den Stoikern die menschliche Natur überwinden, mit den Kynikern über sie hinausgehen[23]. Diese Charakterisierung der Stoa widerspricht nicht etwa deren Dogma vom Leben in Übereinstimmung mit der Natur (κατὰ τὴν φύσιν od. ἀκολούθως τῇ φύσει ζῆν, SVF III 4—9); sie zielt auf die Ausmerzung der Affekte, die nicht zur Menschennatur gehören, sondern Krankheitserscheinungen des Logos sind[24]. Der Kynismus geht in seiner Forderung nach absoluter Bedürfnislosigkeit und Autarkie noch über die Stoa hinaus, nicht in dem Ziel, das für beide die Tugend (ἀρετή) und damit die Eudaimonie ist, sondern in der praktischen Anwendung der Lehre, d. h. dem Weg zum Ziel. Eben diesen Punkt erörtert Seneca im fünften Brief an Lucilius:

1. Quod pertinaciter studes et omnibus omissis hoc unum agis, ut te meliorem cotidie facias, et probo et gaudeo, nec tantum hortor ut perseveres sed etiam rogo. Illud autem te admoneo, ne eorum more qui non proficere sed conspici cupiunt facias aliqua quae in habitu tuo aut genere vitae notabilia sint; 2. asperum cultum et intonsum caput et neglegentiorem barbam et indictum argento odium et cubile humi positum et quidquid aliud ambitionem perversa via sequitur evita... 4. ... Nempe propositum nostrum est secundum naturam vivere: hoc contra naturam

---

[21] controv. II 1,10—13. 25.

[22] Wann sich Seneca damit ausführlich zu beschäftigen begann, ist nicht auszumachen. Wie M.T. Griffin, Seneca 311 vermerkt, wird der Kyniker Demetrius, mit einer Ausnahme (de prov. 3,3), in Schriften der neronischen Epoche erwähnt; De providentia ist nicht sicher zu datieren; zur Datierung ins Jahr 37 vgl. M. T. Griffin, a.O. 396.

[23] *Disputare cum Socrate licet, dubitare cum Carneade, cum Epicuro quiescere, hominis naturam cum Stoicis vincere, cum Cynicis excedere.*

[24] vgl. SVF III 421—430; zur Ausrottung der Affekte vgl. SVF III 443—447; zur altstoischen Affektenlehre s. die knappe Darstellung bei Pohlenz, Stoa 1 141—53.

*est, torquere corpus suum et faciles odisse munditias et squalorem adpe-
tere et cibis non tantum vilibus uti sed taetris et horridis.*

1. Daß du beharrlich dich bemühst und, unter Vernachlässigung aller
übrigen Dinge, allein dies betreibst, mit jedem Tag besser zu werden,
anerkenne ich mit Freude und ermuntere dich nicht nur, darin weiter-
zufahren, sondern bitte dich darum. Vor einem freilich möchte ich dich
warnen: suche nicht in deinem Äußeren oder in deiner Lebensweise
aufzufallen nach Art jener, die nicht sittliche Fortschritte machen, sondern Aufsehen erregen wollen. 2. Meide ungepflegte Kleidung, unge-
schnittenes Haar, einen struppigen Bart, offenen Haß gegen Geld, eine
Schlafstelle auf bloßem Boden und was dieser Eitelkeit sonst noch an
Perversitäten folgt... 4. ... Unser Grundsatz heißt ja, der Natur gemäß
leben; es ist aber wider die Natur, seinen Körper zu kasteien, die einfache
Körperpflege zu verschmähen und Unsauberkeit zu kultivieren und sich
nicht nur von billigen, sondern von widerlichen und ekelhaften Speisen
zu nähren.

Der Ton, in welchem Seneca die kynischen Exzesse verurteilt, ist
unmißverständlich. Zwar berichtet erst Lukian, ein Jahrhundert
später, in seinen Satiren[25] ausführlich über derlei Auswüchse, doch
aus Senecas Polemik können wir schließen, daß die neukynische
Bewegung schon früh gesellschaftliche Außenseiter anzog, die
nicht selten anstatt hilfreiche Anleitung zu besserem Leben Misanthropie zutagelegten. So wirft Seneca diesen „Philosophen" denn
auch vor, sie würden ihre Mitmenschen durch ihre Garstigkeit
abstoßen statt sie anziehen und die Philosophie, die sich in Rom
ohnehin nicht gerade leicht behauptete, in Verruf bringen[26]. Dieser
falsch verstandenen Absonderung stellt Seneca die wahre Ab-
geschiedenheit (*secessus*) gegenüber. Die Praxis des Rückzuges
nimmt in der ethischen Unterweisung einen wichtigen Platz ein.
Besonders in den ersten Briefen, die einen Einblick in die täglichen
kleinen Fortschritte des Lucilius vermitteln sollen, empfiehlt Seneca
seinem jüngeren Freund, sich von der Masse zurückzuziehen[27].
Dadurch schütze sich der sittlich Fortschreitende (*proficiens*) gegen
schlechte Einflüsse, die ihn in seinem anfänglich noch ungefestigten

---

[25] bes. in ‚Peregrinus' und ‚Fugitivi'.

[26] ep. 5,2 *Satis ipsum nomen philosophiae, etiam si modeste tractetur, invi-
diosum est: quid si nos hominum consuetudini coeperimus excerpere? ... 3 ...
Id agamus ut meliorem vitam sequamur quam vulgus, non ut contrariam:
alioquin quos emendari volumus fugamus a nobis et avertimus. ... 4. Hoc
primum philosophia promittit, sensum communem, humanitatem et congrega-
tionem; a qua professione dissimilitudo nos separabit.*

[27] epp. 7,8; 10,1; 25,6f.; 32; vgl. auch de tranq. an. 17,3.

Tugendstreben zurückwerfen könnten. Aber dieser Rückzug ist ein vorläufiger und darf nicht in Misanthropie ausarten[28].

Die stoische Schulmeinung gegenüber kynischem Rigorismus vertritt Seneca auch in der Frage von Apathie und Freundschaft im neunten Brief; der Unterschied zwischen den Stoikern und jenen, welche als das höchste Gut die Freiheit von allen Leidenschaften betrachteten, liege darin, daß der stoische Weise zwar jeden Schicksalsschlag überwinde, ihn aber empfinde, der kynische Weise das Unglück jedoch nicht einmal wahrnehme[29]. Die konsequente Auffassung der Autarkie schließt für den Kyniker die Freundschaft aus; denn diese bedeutete ein Eingeständnis, daß er sich selbst nicht genüge[30]. Der stoische Weise genügt sich selbst nicht weniger. Dennoch haben insbesondere die jüngeren Stoiker die Freundschaft verteidigt, allerdings nur die unter Weisen[31]. Das Dilemma zwischen dem Lehrsatz von der Selbstgenügsamkeit des Sapiens und dem natürlichen menschlichen Trieb nach Freundschaft versucht Seneca durch die spitzfindige Unterscheidung Chrysipps aufzuheben, der Weise entbehre nichts, brauche aber vielerlei. So umgebe er sich auch mit Freunden nicht aus Notwendigkeit, sondern aus dem Wunsch, Geselligkeit zu pflegen[32]. Die Freundschaftsethik nimmt in Senecas Werk, offenbar als persönliches Anliegen, einen besonderen Platz ein[33].

Lehnt Seneca seinerseits zwar die exzessiven Forderungen der Kyniker ab, so nimmt er diese in ihrer Haltung jedoch nicht

---

[28] ep. 7,6—8.

[29] ep. 9,3 *Hoc inter nos et illos interest: noster sapiens vincit quidem incommodum omne sed sentit, illorum ne sentit quidem.* Vgl. auch de ira I 16,7; de const. sap. 10,4.

[30] vgl. ep. 9,1 (= Epikur fr. 174 Usener); zu Stilpos Verbindung zum Kynismus vgl. D. L. II 114. 117; VI 76.

[31] So Epiktet in II 22. Freundschaft kann auch der Kyniker pflegen, wenn es mit seinesgleichen ist (Epict. III 22,62); vgl. auch D. L. VI 105. Zum weniger deutlich ausgeprägten Freundschaftsdogma der alten Stoa vgl. SVF III 723—724.

[32] ep. 9,14 *sapientem nulla re egere, et tamen multis illi rebus opus esse: ‚contra stulto nulla re opus est (nulla enim re uti scit) sed omnibus eget'. ... egere enim necessitatis est, nihil necesse sapienti est. 15. Ergo quamvis se ipso contentus sit, amicis illi opus est.* Vgl. auch Cic. de amicitia 30.

[33] z. B. epp. 6,2—5; 35; de tranq. an. 7,3; de ben. VI 33f.; zum Thema s. U. Knoche, Der Gedanke der Freundschaft in Senecas Briefen an Lucilius, in: Festschrift für E. Linkomies, Arctos, n. s. 1, 1954, 83—96 (= Seneca als Philosoph. Wege der Forschung Bd. 414, Darmstadt 1975, 149—66); W. Brinkmann, Der Begriff der Freundschaft in Senecas Briefen, Diss. Köln 1963.

weniger ernst; dies zeigt z. B. sein Kommentar zu einer Anekdote
über den Alexanderfeldherrn Antigonos Monophthalmos. Dieser,
von einem Kyniker zuerst um ein Talent, dann um einen Denar
angegangen, verweigerte beides mit dem Hinweis, daß für einen
Kyniker ein Talent zu fordern zu viel, für einen König einen Denar
zu geben zu wenig sei. Dazu meint Seneca abschließend, de ben.
II 17,2

*Si me interrogas, probo; est enim intolerabilis res poscere nummos et
contemnere. Indixisti pecuniae odium; hoc professus es, hanc personam
induisti: agenda est. Iniquissimum est te pecuniam sub gloria egestatis
adquirere.*

Diese Meinung, wenn du es wissen willst, teile ich; es ist nämlich eine
unerträgliche Einstellung, Geld zu verachten und doch darum zu betteln.
Du hast dem Geld deinen Haß angesagt. Das ist dein Credo, diese Rolle
hast du dir zugelegt: nun mußt du sie auch spielen. Es widerspricht allen
Regeln, wenn du dich mit deiner Armut aufspielst und gleichzeitig auf
Geldgewinn ausgehst[34].

Bevor wir uns Senecas kynischem Exponenten und dessen Darstellung zuwenden, können wir vorläufig festhalten, daß Seneca
den Kynismus aus der Sicht des Stoikers betrachtet und beurteilt.
Das bedeutet Ablehnung jener rigoristischen Autarkie, durch
welche der Kyniker sich von jeglichen menschlichen, gesellschaftlichen Bindungen lossagt und sich somit gänzlich absondert. Nichts-
destoweniger läßt Seneca, und das wird im folgenden noch deutlicher werden, offenbar für Berufene eine äußerst asketische Einstellung gelten. Wie etwas später Epiktet unterscheidet auch er
zwischen einem ehrlichen ernsten Bestreben nach Bedürfnislosigkeit
um der Tugend willen und den negativen Auswüchsen der Scheinkyniker, die sich unter dem Deckmantel der Diogenesnachfolge
alle Schamlosigkeiten erlaubten.

2. Die Lehre des Demetrius

In unmittelbare Berührung mit dem Kynismus kam Seneca wohl
durch seine Bekanntschaft mit Demetrius[35]. Daß er bei ihm Vor-

---

[34] Die Antigonos-Anekdote ist zweimal auch bei Plutarch überliefert, reg.
et imper. apophthegm. 182 E, wo der Kyniker als Thrasyllus identifiziert
ist; de vit. pud. 531 F, ohne Namen des Kynikers, wie bei Seneca.
[35] Daß Seneca in seiner stoischen Lebensauffassung sich dem Kyniker Demetrius geistig verbunden fühlte, legt die Bezeichnung ,noster Demetrius' nahe,
epp. 20,9; 62,3; 67,14; 91,19; de prov. 3,3; de ben. VII 2,1.

lesungen besuchte wie beim Stoiker Metronax[36], sagt er nirgends ausdrücklich, aber die knappe Schilderung, die er im 20. Brief vom äußeren Rahmen der philosophischen Unterweisung gibt[37], scheint dafür zu sprechen. Aufschlußreicher als dieser Hinweis ist jedoch das kleine Charakterporträt, das Seneca in de ben. VII 8,2 von seinem kynischen Freund gibt:

Paulo ante Demetrium rettuli, quem mihi videtur rerum natura nostris tulisse temporibus, ut ostenderet nec illum a nobis corrumpi nec nos ab ullo corrigi posse, virum exactae, licet neget ipse, sapientiae firmaeque in iis, quae proposuit, constantiae, eloquentiae vero eius, quae res fortissimas deceat, non concinnatae nec in verba sollicitae, sed ingenti animo, prout inpetus tulit, res suas prosequentis.

Eben zitierte ich Demetrius (VII 1,4—7), den, wie ich glaube, die Natur für unsere Zeit hervorgebracht hat um zu zeigen, daß weder er von uns verdorben noch wir durch irgendwen gebessert werden können. Er ist, mag er dies auch verneinen, ein perfekter Weiser und ein Mann von absoluter Unerschütterlichkeit in seinen Vorhaben. Seine Beredsamkeit, geeignet die gewaltigsten Dinge zu behandeln, ist nicht auf Gerundetheit und auf den kunstvollen Ausdruck bedacht, sondern verfolgt, von einem kraftvollen Geist getragen, ihre Themen, wie es sie gerade dazu drängt.

Erweitert und vertieft wird dieses Charakterbild durch eine lange Rede gegen Reichtum und Luxus, die Seneca dem Kyniker in den Mund legt (de ben. VII 9,1—10,6). Diese von Seneca offensichtlich als ethopoietische[38] Oratio verfaßte Invektive wirft natürlich wiederum die grundsätzliche Frage auf, inwieweit die unter dem Namen des Demetrius aufgenommenen Ausführungen und Aussprüche authentisch sind. Dabei geht es nicht um die bloße Übertragung vom Griechischen ins Latein[39], sondern um die Feststellung, was Diktion des Demetrius und was Umformung oder Zusatz Senecas ist. Dies zu unterscheiden, ist hier viel schwieriger als z. B. im Fall der Epikurzitate in den Episteln, bei denen ein

---

[36] ep. 76,1—4.

[37] vgl. dazu unten S. 36.

[38] vgl. Hermogenes, progymn. 9, p. 20,6 Rabe Ἠθοποιία ἐστι μίμησις ἤθους ὑποκειμένου προσώπου, οἷον τίνας ἂν εἴποι λόγους Ἀνδρομάχη ἐπὶ Ἕκτορι. Vgl. auch Aphthonius, progymn. 11 (Spengel II 44—46).

[39] Daß Demetrius seine Vorträge in griechischer Sprache hielt, dürfen wir mit Sicherheit annehmen, nicht nur weil er mit größter Wahrscheinlichkeit aus Griechenland oder Kleinasien stammte, sondern auch weil, wie die Beispiele von Sextius d. Ä. und Musonius Rufus zeigen, römische Popularphilosophie griechische Tradition fortsetzte.

Vergleich mit dem griechischen Original möglich ist[40]. Demetrius hingegen hat keine Schriften hinterlassen. Wir können aber mit Sicherheit sagen, daß er wie der Stoiker Attalus in der Tradition der kynisch-stoischen Diatribe gestanden hat; Hauptthemen sind bei beiden die Kritik an Reichtum und Luxus, Lobpreis der Bedürfnislosigkeit, Bewährung der Tugend. Als Popularphilosophen liebten sie einprägsame, prägnante Wendungen und stellten sie die Paränese über die Argumentation; sie pflegten also eine Form der Unterweisung, welche Senecas eigenen Absichten in den Briefen an Lucilius weitgehend entspricht. Zwar läßt sich für Senecas Zitierweise kein festes Kriterium gewinnen, aber es dürfte wohl im allgemeinen die Annahme zutreffen, daß aphoristische Aussprüche näher am originalen Wortlaut stehen als längere predigthafte Ausführungen. Diese lassen sich am ehesten mit den Aufzeichnungen von Musonius' Lehrvorträgen durch seinen Schüler Lucius oder von Epiktets Diatriben durch Arrian vergleichen[41].

a) *Bedürfnislosigkeit*

Das Fundament des alten Kynismus war die Bedürfnislosigkeit, und auf sie gründet sich auch der neue, wobei der anbrechende Wohlstand und die Reichtumsentfaltung im frühkaiserzeitlichen Rom noch mehr Anlaß gab, gegen die Begüterten loszulegen als es in der griechischen Gesellschaft des ausgehenden 4. Jahrhunderts der Fall gewesen war. Verachtung von Reichtum und Luxus gehörte von jeher ins Repertoire der kynisch-stoischen Diatribe[42]; in eben dieser Form läßt Seneca den kynischen Freund seiner verachtenden Haltung Ausdruck geben, de ben. VII 8,3—10,6

8,3. Huic non dubito quin providentia et talem vitam et talem dicendi facultatem dederit, ne aut exemplum saeculo nostro aut convicium deesset. Demetrio si res nostras aliquis deorum possidendas velit tradere sub lege certa, ne liceat donare, adfirmaverim repudiaturum dicturumque: 9,1. ,Ego vero me ad istud inextricabile pondus non adligo nec in altam

---

[40] Zu Senecas Aufnahme und Verarbeitung griechischer Philosophenzitate s. den Aufsatz von E. Thomas, Über Bruchstücke griech. Philosophie bei dem Philosophen L. Annaeus Seneca, Archiv f. Geschichte d. Philosophie 4, 1891, 557—73.

[41] s. dazu van Geytenbeek, Musonius Rufus 12 und meinen Kommentar zu Epiktet, S. 5f.

[42] s. R. Vischer, Das einfache Leben 64f.; ausführlich besprochen, anhand von Musonius' einschlägigen Diatriben, ist die Thematik bei van Geytenbeek, Musonius Rufus 96—123.

faecem rerum hunc expeditum hominem demitto. Quid ad me defers populorum omnium mala? quae ne daturus quidem acciperem, quoniam multa video, quae me donare non deceat. Volo sub conspectu meo ponere, quae gentium oculos regumque praestringunt, volo intueri pretia sanguinis animarumque vestrarum. 2. Prima mihi luxuriae spolia propone, sive illa vis per ordinem expandere sive, ut est melius, in unum acervum dare. Video elaboratam scrupulosa distinctione testudinem et foedissimorum pigerrimorumque animalium testas ingentibus pretiis emptas, in quibus ipsa illa, quae placet, varietas subditis medicamentis in similitudinem veri coloratur. Video istic mensas et aestimatum lignum senatorio censu, eo pretiosius, quo illud in plures nodos arboris infelicitas torsit. 3. Video istic crystallina, quorum accendit fragilitas pretium; omnium enim rerum voluptas apud inperitos ipso, quo fugari debet, periculo crescit. Video murrea pocula; parum scilicet luxuria magno fuerit, nisi, quod vomant, capacibus gemmis inter se propinaverint. 4. Video uniones non singulos singulis auribus conparatos; iam enim exercitatae aures oneri ferundo sunt; iunguntur inter se et insuper alii binis superponuntur; non satis muliebris insania viros superiecerat, nisi bina ac terna patrimonia auribus singulis pependissent. 5. Video sericas vestes, si vestes vocandae sunt, in quibus nihil est, quo defendi aut corpus aut denique pudor possit, quibus sumptis parum liquido nudam se non esse iurabit; hae ingenti summa ab ignotis etiam ad commercium gentibus accersuntur, ut matronae nostrae ne adulteris quidem plus sui in cubiculo, quam in publico ostendant.

10,1. Quid agis, avaritia? quot rerum caritate aurum tuum victum est! omnia ista, quae rettuli, in maiore honore pretioque sunt. Nunc volo tuas opes recognoscere, lamnas utriusque materiae, ad quam cupiditas nostra caligat. 2. At mehercules terra, quae, quidquid utile futurum nobis erat, protulit, ista defodit et mersit et ut noxiosis rebus ac malo gentium in medium prodituris toto pondere incubuit. Video ferrum ex isdem tenebris esse prolatum, quibus aurum et argentum, ne aut instrumentum in caedes mutuas deesset aut pretium. 3. Et tamen adhuc ista aliquam materiam habent; est, in quo errorem animorum oculus subsequi possit. Video istic diplomata et syngraphas et cautiones, vacua habendi simulacra, umbracula avaritiae quaedam laborantis, per quae decipiat animum inanium opinione gaudentem; quid enim ista sunt, quid fenus et calendarium et usura, nisi humanae cupiditatis extra naturam quaesita nomina? 4. Possum de rerum natura queri, quod aurum argentumque non interius absconderit, quod non illis maius, quam quod detrahi posset, pondus iniecerit: quid sunt istae tabellae, quid conputationes et venale tempus et sanguinulentae centesimae? voluntaria mala ex constitutione nostra pendentia, in quibus nihil est, quod subici oculis, quod teneri manu possit, inanis avaritiae somnia. 5. O miserum, si quem delectat patrimonii sui liber magnus et vasta spatia terrarum colenda per vinctos et inmensi greges pecorum per provincias ac regna pascendi et familia bellicosis nationibus maior et aedificia privata laxitatem urbium magnarum vincentia! 6. Cum bene ista, per quae divitias suas disposuit ac fudit, circumspexerit superbumque se fecerit, quidquid

*habet, ei, quod cupit, conparet: pauper est. Dimitte me et illis divitiis
meis redde; ego regnum sapientiae novi, magnum, securum; ego sic
omnia habeo, ut omnium sint.'*

8,3. Ich zweifle nicht, daß die Vorsehung diesen Mann mit einem solchen
Leben und einer derartigen Redebegabung bedacht hat, damit unserem
Zeitalter weder Beispiel noch Vorwurf ermangle. Wollte ein Gott dem
Demetrius unsere Reichtümer zum Besitz geben unter der festen Bedin-
gung, sie nicht weiter zu verschenken, so würde er, behaupte ich, sie mit
folgenden Worten zurückweisen: 9,1. „Wahrlich, ich binde mich nicht
an eine solche Last, die einen nicht mehr losläßt, und stoße mich, einen
freien Menschen, nicht in den tiefen Sumpf des Reichtums. Warum
überträgst du auf mich die Übel der ganzen Menschheit? Ich würde
sie nicht annehmen, nicht einmal, wenn ich sie weitergeben könnte,
weil ich vieles sehe, das zu verschenken mir nicht anstünde. Ich will mir
vor Augen führen, wovon Völker und Könige sich blenden lassen, ich
will die Dinge ansehen, die ihr mit eurem Blut und eurem Leben er-
kauftet. 2. Stell mir zuerst die Beutestücke des Luxus auf, entweder
in Reih' und Glied, wenn du willst, oder noch besser, zu einem Haufen
getürmt. Da sehe ich mit ausgesuchten Mustern bearbeitetes Schildpatt,
für riesige Summen gekaufte Schalen der häßlichsten und trägsten Tiere,
auf denen gerade das, was anziehend ist, nämlich ihre Buntheit, mit
künstlichen Farben naturgetreu nachgemalt wird. Da sehe ich Tische
aus Holz vom Wert eines Senatorenvermögens und das umso kostbarer
ist je knorriger der unfruchtbare Baum gewachsen war. 3. Kristallgefäße
sehe ich dort, deren Zerbrechlichkeit ihren Preis in die Höhe treibt; denn
bei Ignoranten steigt die Freude an Gegenständen mit der Gefahr, die
eigentlich die Lust daran verderben müßte. Myrrhinische Becher sehe
ich; natürlich wäre der Luxus zu billig, wenn sie beim Zuprosten den
Wein, den sie bald wieder erbrechen werden, nicht aus Edelsteinge-
fäßen tränken. 4. Große Perlen sehe ich, aber nicht nur jeweils eine für
ein Ohr; die Ohren sind an das herumzuschleppende Gewicht schon ge-
wöhnt; paarweise und mit noch weiteren Perlen darauf sind sie (trauben-
förmig) zusammengebunden. Nicht hatte weibliche Tollheit die Männer
genügend überboten, es sei denn, zwei und drei Vermögen hätten an
jedem Ohr gehangen. 5. Ich erblicke seidene Kleider, wenn der Name
Kleider überhaupt dafür zutrifft, womit man weder den Körper noch
wenigstens die Scham bedecken kann, und bei denen es nicht gerade
einleuchtet, wenn eine Frau, die sie trägt, schwört, sie sei bekleidet.
Diese Gewänder werden unter unglaublichem Kostenaufwand aus Ländern importiert, die sogar im Handelsverkehr unbekannt sind, damit
unsere verheirateten Frauen nicht einmal im Schlafzimmer für ihre Lieb-
haber mehr zu entblößen haben als sie auf der Straße zeigen.
10,1. Und wie steht's mit dir, Habsucht? Wieviele Dinge gibt es, die an
Kostspieligkeiten dein Gold übertroffen haben! Alles, was ich eben auf-
zählte, hat mehr Ansehen und mehr Wert. Jetzt will ich deine Schätze
durchgehen, die Platten aus Gold und Silber, wonach wir blind gieren.
2. Aber, beim Hercules, die Erde, die alles hervorbrachte, was für uns

von Nutzen sein könnte, hat diese Dinge tief vergraben und versenkt und sich mit ihrem ganzen Gewicht darauf niedergelassen, da sie schädlich sind und, wenn einmal ans Licht gebracht, für die Menschheit zum Unheil würden. Ich sehe Eisen, das aus denselben dunklen Tiefen hervorgezogen wurde wie das Gold und Silber, damit für gegenseitiges Morden weder das Instrument noch die Belohnung fehle. 3. Gleichwohl, deine Güter sind reelle Substanz; es gibt aber ein Gebiet, wo das Auge sich nach der Täuschung des Geistes richtet. Urkunden sehe ich dort, Wechsel, Bürgschaften, leere Trugbilder von Besitz, die gewissen kleinen Schatten der Habsucht, die daran herumstudiert, wie sie ein Gemüt, das sich an eitlen Vorstellungen erfreut, hereinlegt. Was sonst sind denn Dinge wie Zins, Schuldbuch und Wucher wenn nicht Namen, die man für unnatürliche Formen menschlicher Begierde gefunden hat. 4. Ich könnte die Natur anklagen, daß sie Gold und Silber nicht tief genug versteckt hat, daß sie mit zu wenig Gewicht darauf lastete, so daß es ans Licht gezogen werden konnte: aber was mache ich mit jenen Verträgen, jenen Berechnungen, der Zinszeit und jenen blutrünstigen zwölf Prozent? Übel, die wir wollen, die in unserem System liegen, in denen nichts ist, was uns vor Augen geführt werden, was unsere Hand fassen könnte, Traumgebilde einer eitlen Habsucht. 5. Der Arme, der Freude hat an dem langen Register von seinem ererbten Vermögen, an den weiten Feldern seines Gutes, die von Kettensklaven bebaut werden und an den riesigen Viehherden, für deren Weideland ganze Provinzen und Königreiche notwendig sind, an einem Hausgesinde, das größer ist als die streitbaren Völker und an Privatpalästen, die sich weiter ausdehnen als die großen Städte! 6. Wenn er all das, worin er seinen Reichtum angelegt und hineingesteckt hat, sorgfältig betrachtet und dabei Stolz empfindet, soll er, was er hat, vergleichen mit dem, was er begehrt: arm ist er. Laß mich gehen und gib mich wieder jenen meinen Reichtümern zurück; ich kenne das Königreich der Weisheit; groß und sicher ist es. Ich besitze alles in der Weise, daß es allen gehört.

Die ausgedehnte Sermocinatio ist nach dem in der Popularphilosophie gängigen antithetischen Begriffspaar Reichtum — Habsucht[43] in zwei Hälften geteilt. Beide Teile zeigen in ihren bunten Aufzählungen deutlich die Stilmerkmale der kynisch-stoischen Diatribe. Derartige Invektiven gegen den Luxus sind in Senecas Werk keine Seltenheit; ein vergleichbares Gegenstück zu unserer Rede ist die Scheltrede in der Trostschrift an die Mutter Helvia (10—11). Ähnliche Passagen sind in den Briefen 86 (6—9), 114 (9), 115 (9), 119 und, mit einer entsprechenden Sermocinatio des Attalus verknüpft, in 110 eingestreut. Viele der hier verwendeten

---

[43] s. dazu H. Herter, Rh. Mus. 94, 1951, 1—42. Zur Verbindung vgl. Seneca, ad. Helv. 10,1 *omnia subvertentis avaritiae atque luxuriae.*

Versatzstücke lassen sich, oft bis in den Wortlaut, an den genannten Stellen nachweisen: Daß der Reichtum eine Last ist, die der
Weise auf sich zu nehmen ablehnt (9,1), ist ein bei Seneca gängiger
Topos, z. B. de prov. 6,2 *Democritus divitias proiecit, onus illas
bonae mentis existimans.* de brev. vit. 2,4 *quam multis divitiae
graves sunt!* ad Helv. 11,6 *omnia ista quae imperita ingenia et
nimis corporibus suis addicta suspiciunt . . . terrena sunt pondera,
quae non potest amare sincerus animus.* ep. 84,11 *relinque divitias, aut periculum possidentium aut onus.*

Tische, kostbar durch ihre ausgefallene Maserung (9,2), gehören
zu einem luxuriösen Haushalt, de ira III 35,5 *mensam . . . crebris
distinctam venis.* de tranq. an. 1,7 *mensa . . . varietate macularum
conspicua.*

Die Zerbrechlichkeit der Gegenstände erhöht ihre Kostbarkeit
(9,3), ep. 123,7 *turpe est videri eas te habere sarcinas solas quae
tuto concuti possint.* Dazu gehören in erster Linie myrrhinische
und kristallene Gefäße, ep. 123,7; ep. 119,3. Das kräftige Kolorit
in der Beschreibung des Weintrinkers (9,3) gehört durchaus zum
Diatribenstil, gilt es doch, beim Zuhörer Ekel vor jenen Dingen
zu erregen, die er meiden soll, de prov. 3,13 *quanto magis huic
(sc. Socrati) invidendum est quam illis quibus gemma ministra-
tur . . .; hi quidquid biberunt vomitu remetientur tristes et bilem
suam regustantes;* vgl. auch ep. 95,21. Besonders pointiert formuliert steht der Gedanke in der Schrift ad Helv. 10,3 *vomunt ut
edant, edunt ut vomant.*

Fast sprichwörtlich sind offenbar die schweren Ohrgehänge aus
den überaus kostspieligen Perlen (9,4), de vit. beat. 17,2 *quare
uxor tua locupletis domus censum auribus gerit?* de const. sap. 14,1
quid refert . . . quam oneratas aures? Hauchdünne, durchsichtige
Frauengewänder (9,5) sind nicht nur ein Zeichen von materiellem
Luxus, sondern auch ein Zeugnis des verkommenen Schamgefühls,
ep. 90,20 *has nostri temporis telas, in quibus vestis nihil celatura
conficitur, in qua non dico nullum corpori auxilium, sed nullum
pudori est.* ad Helv. 16,4 *numquam tibi placuit vestis quae nihil
amplius nudaret cum poneretur*[44].

Die Gegenüberstellung einheimischer und daher als billig ein-
gestufter Produkte und solcher, die man mit riesigem Kosten-

---

[44] Zu beidem vgl. auch Sen. d. Ä., controv. II 5,7 und Winterbottoms An-
merkung zur Stelle.

aufwand aus fernen, d. h. östlichen, Ländern einführt, nimmt in den Invektiven gegen den Luxus einen festen Platz ein[45], ad Helv. 10,2—6; epp. 86,6; 115,8. Fremdländische Gewänder werden ebenfalls in der Rede des Attalus erwähnt, ep. 110,14 *vestes ultra non tantum nostrum sed ultra finem hostium advectas.* Die Apostrophe von Lastern, wie hier der *avaritia* (der *superbia* in de ben. II 13,1; vgl. die Prosopopöie der *iracundia* in de ira I 18,6), gehört zu den rhetorischen Mitteln der Diatribe[46]. Sowohl die Kulturentstehungslehren[47] als auch die Popularphilosophie vertreten den Gedanken, daß Habsucht und Mord nicht über die Menschheit hereingebrochen wären, hätte die Erde Gold und Silber tief genug verborgen (10,2.4), ep. 92,31 *nec ad pecuniam respicit* (sc. *sapiens*) *aurumque et argentum, illis in quibus iacuere tenebris dignissima; . . . aestimat . . . a vetere caeno ex quo illa secrevit cupiditas nostra et effodit.* ep. 94,56f. *pedibus aurum argentumque subiecit* (sc. *natura*). . . . *57. . . . aurum quidem et argentum et propter ista numquam pacem agens ferrum, quasi male nobis committerentur, abscondit. Nos in lucem propter quae pugnaremus extulimus, nos et causas periculorum nostrorum et instrumenta disiecto terrarum pondere eruimus, nos fortunae mala nostra tradidimus nec erubescimus summa apud nos haberi quae fuerant ima terrarum.* Vgl. auch de ira III 33,4; Horaz, c. III 3,49f.

Arm ist, wer immer mehr haben will (10,6); ad Helv. 11,4 *qui naturalem modum excedet, eum in summis quoque opibus paupertas sequetur*[48]. Vgl. auch ep. 90,38f.; 108,9. Zeichen der Unersättlichkeit sind die provinzgroßen Latifundien (10,5); ep. 89,20 *quousque fines possessionum propagabitis? ager uni domino qui populum cepit angustus est? quousque arationes vestras porrigetis, ne provinciarum quidem spatio contenti circumscribere praedi-*

---

[45] Zu diesem, bes. gegen den Tafelluxus angewendeten Topos s. van Geytenbeek, Musonius Rufus 107.

[46] vgl. dazu R. Bultmann, Der Stil der paulin. Predigt und die kyn.-stoische Diatribe 34f.; P. Rabbow, Seelenführung 349—51; zur Anwendung bei Seneca s. H. Weber, De Senecae philosophi dicendi genere Bioneo 44f.; J. Geffcken, Kynika und Verwandtes 42f.

[47] vgl. Lukrez 5,1113f.; Ovid, met. 1,139f. mit Bömers Kommentar zur Stelle. Zur *avaritia* als verheerendem Faktor in der Menschheitsgeschichte, vgl. Sen. ep. 90, 38f.

[48] Der Gedanke wird veranschaulicht durch den in der Diatribenliteratur heimischen Vergleich des Habsüchtigen mit einem Wassersüchtigen (ad Helv. 11,3); zu diesem vgl. Teles p. 39,2ff. mit Henses Parallelenapparat zur Stelle.

orum modum? ep. 90,39 *licet in provinciarum spatium rura dilatet.*
Besitzt des Weisen ist, was allen gehört (10,6), ep. 73,7 *sapiens
nihil magis suum iudicat quam cuius illi cum humano genere con-
sortium est.*

Wie diese lange Aufzählung der Parallelen zeigt, ist die Rede
des Demetrius von Senecas eigener Diktion geprägt. Nichtsdesto-
weniger stammen die verwendeten Gedanken und Topoi aus dem
großen Sammelbecken kynisch-stoischen Gedankengutes. Eingebaut
ist die Sermocinatio in eine breite Erörterung über die Frage, ob
der Weise, der doch alles besitzt (de ben. VII 4,1; vgl. SVF III
590.596), überhaupt noch beschenkt werden kann. Seneca unterscheidet dort säuberlich zwischen dem, was der Weise mit den
Göttern aufgrund seiner sittlichen Vollkommenheit besitzt, nämlich das Universum, und dem, was ihm als Bürger als zu besteu-
ernder Besitz gehört. Wenn Demetrius hier bürgerliche Besitz-
tümer, selbst wenn er sie weiterverschenken dürfte (9,1), ablehnt,
so stellt Seneca ihn dadurch in seiner rigorosen Haltung deutlich
über den stoischen Weisen, der nach seiner eigenen rechtfertigen-
den Auslegung in der Schrift De vita beata[49] den Reichtum als
Möglichkeit zum Gutestun durchaus akzeptiert.

Des Demetrius vorbehaltlose Ablehnung von Besitztum sowie
seine von Seneca gelobte Unbestechlichkeit (de ben. VII 8,2)
werden im Anschluß an die Sermocinatio durch eine Anekdote
illustriert, de ben. VII 11,1—2

*1. . . . cum C. Caesar illi ducenta donaret, ridens reiecit ne dignam qui-
dem summam iudicans, qua non accepta gloriaretur. Di deaeque, quam
pusillo animo illum aut honorare voluit aut corrumpere! 2. Reddendum
egregio viro testimonium est; ingentem rem ab illo dici audivi, cum
miraretur Gai dementiam, quod se putasset tanti posse mutari: ,Si temp-
tare' inquit, ,me constituerat, toto illi fui experiendus imperio.'*

1. Als Gaius Caesar ihm 200 000 Sesterzen schenken wollte, lehnte er
sie lachend ab, wobei er ihren Wert nicht einmal so hoch veranschlagte,
daß er sich rühmte, sie ausgeschlagen zu haben. Ihr Götter und Göttinnen,
welchen Kleingeist legte Gaius bei seiner Absicht zutage, ihn zu
ehren oder zu bestechen! 2. Ich muß hier für diesen außergewöhnlichen
Mann Zeugnis ablegen; gewaltig war, was ich von ihm hörte, als er sich
über die Torheit des Gaius wunderte, der glaubte seine Einstellung für
soviel Geld ändern zu können: „Wenn er im Sinn hatte mich in Ver-
suchung zu bringen", sagte er, „dann hätte er, um mich auf die Probe
zu stellen, das ganze Reich anbieten müssen."

---

[49] vgl. 22,1; 23,5; 24,1—3.

Ob Caligulas Geldgeschenk an Demetrius historisch ist, wissen wir nicht. Immerhin ist uns überliefert, daß Nero manchmal nach dem Essen Philosophen (wahrscheinlich gerade Vulgärstoiker und Straßenkyniker) auftreten ließ, um sich an ihrem Gehaben und ihren Streitgesprächen zu ergötzen[50]. Daß auch Demetrius, der schließlich in den maßgebenden Kreisen verkehrte, einst zum Scherz auf die Probe gestellt wurde, ist nicht ganz undenkbar[51]. Mehr Aufschluß über die Chrie gibt jedoch ihre Verankerung in der popularphilosophischen Tradition. Sie gehört zu einem festen, vor allem durch die Alexander-Diogenes Anekdoten[52] bekannten Typus: der Kyniker steht einem Machthaber gegenüber und erweist sich ihm als überlegen. Freilich beschränkt sich in unserer Anekdote die Ähnlichkeit auf den äußeren Rahmen; während in den alten Chrien Diogenes sich durch eine schlagfertige Bemerkung als unabhängig und überlegen zeigt, fehlt hier die eigentliche Pointe. Zwar lehnt Demetrius das Geschenk des Kaisers lachend ab, die erwartete kynische Parrhesie ist jedoch unterdrückt und wird, unter erheblichem Effektverlust, nur in einer nachträglichen Reflexion zum besten gegeben. Ob wir hierin ein Indiz für die Authentizität der Anekdote erkennen dürfen, oder ob Seneca bewußt eine Verschiebung vorgenommen hat, wird uns später noch zu beschäftigen haben[53].

Bewunderung für des Demetrius überlegene Ablehnung allen Reichtums äußert Seneca auch in ep. 62,3

Demetrium, virorum optimum, mecum circumfero et relictis conchyliatis cum illo seminudo loquor, illum admiror. Quidni admirer? vidi nihil ei deesse. Contemnere aliquis omnia potest, omnia habere nemo potest:

---

[50] Tac. ann. XIV 16,2.

[51] vgl. Gregor von Nazianz, c. 10,250—58 (37, 698 Migne), wo eine solche Kynikererprobung beschrieben ist.

Καὶ τοῦτ' ἐπαινῶ. Τῶν τις ἀρχαίων κυνῶν
Βασιλεῖ προσελθὼν ἠξίου τροφῆς τυχεῖν,
Εἶτ' ἐνδεὴς ὤν, εἴτε καὶ πειρώμενος.
Τοῦ δ' εἴτε τιμῇ γ', εἴτε καὶ πείρᾳ τινὶ,
Πλὴν χρυσίου τάλαντον ἐκ προστάγματος
Δόντος προθύμως, οὐ μὲν ἀρνεῖται λαβεῖν.
Λαβὼν δ' ἐν ὄψει τοῦ δεδωκότος αὐτίκα
Ἄρτον πριάμενος τοῦ ταλάντου· „Τόνδ' ἔφη
Λαβεῖν ἔχρῃζον, οὐ τὸν ἄβρωτον τῦφον."

[52] D. L. VI 38. 60. 68; vgl. auch 43 (Philipp). Verwandt mit dieser Gruppe ist auch die Anekdote über Antigonos und den bettelnden Kyniker, s. oben S. 18.

[53] s. S. 41.

brevissima ad divitias per contemptum divitiarum via est. Demetrius autem noster sic vivit, non tamquam contempserit omnia, sed tamquam aliis habenda permiserit.

Demetrius, den besten von allen, nehme ich überall mit[54]; um die Purpurträger kümmere ich mich weiter nicht, sondern führe ein Zwiegespräch mit dem halbnackten Philosophen, bewundere ihn. Warum ihn bewundern? Ich sehe, ihm fehlt nichts. Verachten kann man alles, alles haben kann niemand: der kürzeste Weg zu den Reichtümern ist der ihrer Verachtung. Unser Freund Demetrius lebt aber nicht so als verachte er alles, sondern als habe er es den andern zum Besitz überlassen.

Die Stellung, die Demetrius in Senecas philosophischem Denken einnimmt, wird durch den Kontrast zu den purpurbesäumten Beamten noch erhöht. Zudem wird seine philosophische Zugehörigkeit durch das Adjektiv *seminudus* kontrastvoll identifiziert: nur mit einem groben Wollmantel bekleidet, den sie sich über eine Schulter werfen, werden die Kyniker als γυμνοί oder ἡμίγυμνοι (*seminudi*) bezeichnet[55]. Wenn Seneca hier den Demetrius noch über die gewöhnlichen Kyniker, die ihre Autarkie durch Verachtung des Reichtums demonstrieren, hinaushebt indem er ihn selbst keine Güter in Anspruch nehmen, sie aber andern zugestehen läßt, so rückt er ihn damit ganz in die Nähe des Weisen, wie er ihn im 73. Brief darstellt: Jupiter gehört alles, aber er überläßt es den andern zum Besitz. Für ihn selbst bleibt nur dieser eine Gebrauch übrig, daß er alle veranlaßt, den Besitz zu gebrauchen. Mit ebensolchem Gleichmut sieht der Weise alle Dinge im Besitz der andern und verachtet sie so wie Jupiter; sich selbst schätzt er jedoch höher ein, weil Jupiter sie nicht gebrauchen kann, er aber nicht will[56]. Es stellt sich allerdings auch hier die Frage, ob diese gemäßigte Einstellung noch die des Kynikers Demetrius ist[57].

---

[54] *circumfero* ist, wie *relictis conchyliatis* nahegelegt, konkret und nicht im übertragenen Sinn aufzufassen, wie J. Lipsius (Ausg. 1652, S. 489, Anm. 4) durch seine Umschreibung *pectore gesto* erklärt. Offenbar ließ sich Seneca gern von Demetrius, der ja den Umgang mit bedeutenden Leuten suchte, begleiten und unterhielt sich mit ihm in der Sänfte; zu dieser Bedeutung von *circumferre* vgl. Amm. Marc. 26,9,3 *Constanti filiam parvulam cum matre Faustina . . . lectica circumferens secum.*

[55] s. dazu meinen Kommentar zu Epict. III 22, 10. 50, S. 56f. und 114.

[56] *14 Iuppiter omnia habet, sed nempe aliis tradidit habenda: ad ipsum hic unus usus pertinet, quod utendi omnibus causa est: sapiens tam aequo animo omnia apud alios videt contemnitque quam Iuppiter et hoc se magis suspicit quod Iuppiter uti illis non potest, sapiens non vult.*

[57] vgl. M. T. Griffin, Seneca 311, Anm. 8.

In ähnlicher Weise gemildert, bei gleichzeitig moralischer Er-
höhung, sind die echt kynischen Züge im Abschnitt de vit. beat.
18,3

Curet aliquis an istis nimis dives videatur quibus Demetrius Cynicus
parum pauper est? Virum acerrimum et contra omnia naturae desideria
pugnantem, hoc pauperiorem quam ceteros Cynicos quod, cum sibi inter-
dixerit habere, interdixit et poscere, negant satis egere. Vides enim: non
virtutis scientiam sed egestatis professus est.

Sorgen sollte sich einer darüber machen, ob er jenen Leuten zu reich
scheint, denen der Kyniker Demetrius zu wenig arm ist? Ein Mann von
äußerster Härte und ein Kämpfer gegen alle Wünsche der Natur, der
dadurch die übrigen Kyniker an Armut übertraf, daß er, der sich Besitz
versagt hat, sich auch das Betteln verwehrte — von diesem Mann behaupten sie, er sei nicht bedürfnislos genug! Du siehst eben, nicht das
Wissen von der sittlichen Vollkommenheit hat er gelehrt, sondern das
von der Armut.

Der Abschnitt steht in einem längeren Kontext, in welchem
Seneca sich gegen den Vorwurf verteidigt, er lebe anders als er
lehre. Dabei weist er auf die sittlich besten Männer hin, denen
Unvollkommenheit vorzuwerfen die Böswilligen nicht müde werden. Zu den großen Vorbildern zählt er auch Demetrius. Es kann
nur Böswilligkeit sein, wenn man ihm, der nicht bloß als allgemeiner Tugendlehrer auftritt, sondern durch das Leben die Lehre
von der Bedürfnislosigkeit unter Beweis stellt[58], mangelnde Armut
vorwirft.

Paupertas (Armut) und *egestas* (Bedürftigkeit) gehören in der
stoischen Güterlehre zu den Adiaphora, die ein jeder, der sich
der Tugend befleißigt, ertragen lernen muß[59]. Den zahlreichen
Stellen, an denen Seneca auf den negativen Aspekt der Armut
anspielt, stehen jene gegenüber, die eine positive Umwertung
erkennen lassen. Wird in der Schrift De vita beata der Reichtum
als Mittel zur Entfaltung und Demonstration der *virtus* gerecht-
fertigt, so bezeichnet Seneca ihn anderorts als Hindernis im Philosophieren (ep. 17,3—8). Geradezu als erwünschte Sicherheit wird
die Armut, bei der man nichts verlieren kann, in der Schilderung
des besitzlosen Diogenes in de tranq. an. 8,4 herausgestellt. Die

---

[58] Auf einem Mißverständnis des lat. Textes (*non virtutis scientiam sed*
egestatis professus est) beruht offensichtlich die Interpretation von M. T. Griffin, Seneca 298, Demetrius habe *virtus*, nicht *egestas* gepredigt.
[59] Dem sittlich Fortschreitenden empfiehlt Seneca dazu gewisse Vorübungen.
z. B. in ep. 18,5—13.

beengende Bedürftigkeit wird in befreiende Bedürfnislosigkeit umgewertet; wer bedürfnislos lebt, ist autark. In einem Punkt übertrifft Demetrius bei Seneca selbst noch den Erzkyniker Diogenes. Dieser wird in der großen Anekdotensammlung bei Diogenes Laertios öfter geschildert, wie er um Geld oder Nahrungsmittel bettelt[60]. Demetrius hingegen bettelt nicht einmal (das bei Seneca verwendete *poscere* ist das Aequivalent zu dem αἰτεῖν in den griech. Quellen). Das Betteln des Sinopensers war weder auffällig noch galt es als anstößig, wenn wir von der Bemerkung bei D. L. VI 49 absehen, αἰτῶν τινα — καὶ γὰρ τοῦτο πρῶτον ἐποίησε[61] διὰ τὴν ἀπορίαν — ἔφη, . . . Die fast wie eine Entschuldigung klingende Parenthese wirft ein Licht auf ein offensichtliches Bestreben, Diogenes von den geldheischenden, parasitischen Scheinkynikern abzugrenzen. Eine Zwischenstufe in dieser Entwicklung zeigen die apokryphen frühkaiserzeitlichen Kynikerbriefe, deren Inhalt hauptsächlich aus der Fülle des Anekdotenmaterials herausgesponnen ist[62]. Sowohl im 10. Diogenes-Brief[63] als auch in einigen Briefen des Krates[64] nimmt der Gedanke „unter Freunden und Weisen ist alles gemeinsam" einen breiten Raum ein; ‚betteln' wird in ‚zurückverlangen' umgebogen. Ähnliches überliefert auch D. L. VI 46 χρημάτων δεόμενος ἀπαιτεῖν ἔλεγε τοὺς φίλους, οὐκ αἰτεῖν. Unter diesem

---

[60] VI 26. 56. 57. 59. 67.

[61] In den D. L. Handschriften ist übereinstimmend πρῶτον ἐποίησε überliefert; im „großen Exzerpt" Φ steht ἐποίει. Cobet hat diese Lesart, die er wohl aus Λ, einer in Leiden befindlichen Abschrift des Exzerpts, kannte, in den Text gesetzt. In beiden Fällen (faktiver Aorist od. iteratives Imperfekt) haben wir zu verstehen: „auch dies nämlich hat er anfänglich getan, aus Mittellosigkeit" (so auch Von der Mühll, der aber ἐποίησε im Text beläßt). Friedrich Leos Vorschlag, πρῶτος ἐποίησε für πρῶτον ἐποίησε zu lesen (Hermes 41, 1906, 442 = Kl. Schriften I 186), ist sehr erwägenswert („er, nicht Antisthenes"). Nicht nur ist diese parenthetische Erklärung inhaltlich und sprachlich eng verwandt mit der in VI 22 erwähnten Neuerung des Diogenes: τρίβωνα διπλώσας πρῶτος...διὰ τὸ ἀνάγκην ἔχειν καὶ ἐνεύδειν αὐτῷ, πήραν τ' ἐκομίσατο..., sondern es wird auch an unserer Stelle erst mit der Lesart πρῶτος das steigernde καί verständlich.
Für die Verifizierung der Lesarten in P. Von der Mühlls Nachlaß zu Diogenes Laertios sowie für Vorschläge zu diesem Textproblem habe ich Herrn Professor F. Heinimann zu danken.

[62] Zu den Kynikerbriefen s. W. Capelle, De Cynicorum epistulis; speziell zu den Diogenesbriefen vgl. V. E. Emeljanow, The Letters of Diogenes.

[63] vgl. dazu V. E. Emeljanow, a.O. 29. 55.

[64] 2. 22 (herausgesponnen aus der „Ephemeris" des Krates, vgl. D. L. VI 86); 26. 27. vgl. auch 17. 19.

Deckmantel grassierte das Betteln bei den Scheinkynikern, weshalb der wahre Vertreter des neuen Kynismus es gänzlich aufgeben soll (Epict. III 22,10.50).

Zusammenfassend läßt sich sagen, daß Demetrius in Senecas Darstellung grundsätzlich die altkynische Haltung vertritt: Verachtung des Reichtums, absolute Bedürfnislosigkeit um der Autarkie willen. Der kynischen Überhöhung durch die Ablehnung jeglicher Bettelei steht gleichzeitig eine stoische Milderung darin gegenüber, daß Demetrius Reichtum andern Menschen zugesteht.

b) *Griffbereitschaft der Lehre*

Die konsequente Ausrichtung des Kynismus auf das autoritative Beispiel und die entschiedene Ablehnung von Büchergelehrsamkeit sind wohl die Hauptgründe für das Fehlen eines eigentlichen Lehrsystems. Die Stoa hingegen, die sich seit Beginn von einer derart einseitigen Haltung losgesagt hatte, verfügte, besonders seit ihrer Blütezeit unter Chrysipp, über eine fundierte Ethik. Ihre Gliederung in einen dogmatischen und einen paränetischen Teil führte in der Frage der praktischen Anwendung zu einem Meinungsstreit innerhalb der Schule. So sah sich auch Seneca veranlaßt, seinen Standpunkt in der Diskussion um das richtige Vorgehen in der Seelenleitung klar zu umreißen. Im 94. und 95. Brief befaßt er sich eingehend mit der Ethik des Ariston von Chios. Entgegen dessen Ansicht, daß nur die eigentlichen Dogmen und Definitionen Nutzen bringen, der präzeptive Teil jedoch überflüssig sei[65], verteidigt er sowohl die Notwendigkeit der allgemeinen Lehrsätze (*dogmata, decreta, scita, placita*, ep. 95,10) als auch die der situationsgebundenen Einzelvorschriften (*praecepta*). In gleichem Zusammenhang wendet er sich aber auch kurz gegen solche, die nur die Paränese gelten lassen wollen (ep. 94,1). Zu dieser Gruppe gehören sicher die Kyniker, die sich vom vorgelebten Beispiel und einigen einprägsamen Merksätzen eine größere Wirksamkeit versprechen als von gelehrten Disputationen. Die Diatribenliteratur ist in erster Linie präzeptiv und paränetisch, wie auch in den Briefen an Lucilius die *praecepta* den weitaus größeren Raum einnehmen als die *dogmata*. Wichtig dabei ist, diese Kernsprüche im Bedarfsfall stets geistig präsent zu haben, um sich im Handeln nach ihnen auszurichten.

---

[65] vgl. auch ep. 89,13. Zur Paränetik und Dogmatik in der Seelenleitung, spez. bei Seneca, s. I. Hadot, Seelenleitung 7—38.

Eine, wiederum von eigener Diktion geprägte, Übersicht über
derlei Kernsätze und ihre Handhabung läßt Seneca seinen kynischen Freund in de ben. VII 1,3—2,1 geben

*1,3. Egregie enim hoc dicere Demetrius Cynicus, vir meo iudicio magnus,
etiam si maximis conparetur, solet plus prodesse, si pauca praecepta
sapientiae teneas, sed illa in promptu tibi et in usu sint, quam si multa
quidem didiceris, sed illa non habeas ad manum. 4. ‚Quemadmodum'
inquit ‚magnus luctator est, non qui omnes numeros nexusque perdidicit,
quorum usus sub adversario rarus est, sed qui in uno se aut altero bene
ac diligenter exercuit et eorum occasiones intentus expectat (neque enim
refert, quam multa sciat, si scit, quantum victoriae satis est), sic in hoc
studio multa delectant, pauca vincunt. 5. Licet nescias, quae ratio ocea-
num effundat ac revocet, quare septimus quisque annus aetati signum
inprimat, quare latitudo porticus ex remoto spectantibus non servet por-
tionem suam, sed ultima in angustius coeant et columnarum novissime
intervalla iungantur, quid sit, quod geminorum conceptum separet, par-
tum iungat, utrum unus concubitus spargatur in duos an totiens concepti
sint, cur pariter natis fata diversa sint maximisque rerum spatiis distent,
quorum inter ortus minimum interest: non multum tibi nocebit transisse,
quae nec licet scire nec prodest. Involuta veritas in alto latet. 6. Nec de
malignitate naturae queri possumus, quia nullius rei difficilis inventio
est, nisi cuius hic unus inventae fructus est, invenisse; quidquid nos
meliores beatosque facturum est, aut in aperto aut in proximo posuit.
7. Si animus fortuita contempsit, si se supra metus sustulit nec avida spe
infinita conplectitur, sed didicit a se petere divitias; si deorum hominum-
que formidinem eiecit et scit non multum esse ab homine timendum, a
deo nihil; si contemptor omnium, quibus torquetur vita, dum ornatur,
eo perductus est, ut illi liqueat mortem nullius mali materiam esse, mul-
torum finem; si animum virtuti consecravit et, quacumque vocat illa,
planum putat; si sociale animal et in commune genitus mundum ut
unam omnium domum spectat et conscientiam suam dis aperuit semper-
que tamquam in publico vivit se magis veritus quam alios: subductus
ille tempestatibus in solido ac sereno stetit consummavitque scientiam
utilem ac necessariam. Reliqua oblectamenta otii sunt; licet enim iam in
tutum retracto animo ad haec quoque excurrere cultum, non robur, in-
geniis adferentia.'*
*2,1. Haec Demetrius noster utraque manu tenere proficientem iubet, haec
nusquam dimittere, immo adfigere et partem sui facere eoque cottidiana
meditatione perduci, ut sua sponte occurrant salutaria et ubique ac statim desiderata praesto sint et sine ulla mora veniat illa turpis honestique
distinctio.*

1,3. Denn vortrefflich war, was der Kyniker Demetrius, nach meiner
Meinung ein bedeutender Mann selbst im Vergleich mit den bedeutend-
sten, gewöhnlich sagte: nützlicher sei es, an wenigen philosophischen
Grundsätzen festzuhalten, sie jedoch griffbereit und in Anwendung
zu haben als sich zwar viele anzueignen, sie aber nie zur Hand zu haben.

4. „Sowie", fährt er fort, „ein großer Ringkämpfer nicht derjenige ist, der mit allen Stellungen und Griffen vertraut ist, die man im Kampf selten braucht, sondern jener, der sich in dem einen oder andern gut und sorgfältig trainiert hat und gespannt auf eine Gelegenheit wartet, sie anzuwenden (denn es kommt nicht darauf an, wieviele er kennt, wenn er genug weiß, um den Sieg zu erringen), so ist es auch auf diesem Gebiet: viele Lehrsätze sind unterhaltsam, wenige entscheidend. 5. Magst du auch nicht wissen, was Ebbe und Flut bewirkt, weshalb jedes siebte Jahr einen Einschnitt im Leben bedeutet, warum die Seitenfront einer Säulenhalle für einen, der aus der Ferne hinsieht, nicht ihre eigentlichen Proportionen behält, sondern sich am Ende verjüngt, und der Abstand zwischen den Säulen zuletzt verschwindet, warum Zwillinge getrennt empfangen, aber zusammen geboren werden, ob sie beide in einem Zeugungsakt entstehen oder in zwei, warum Menschen, die zu gleicher Zeit geboren wurden, verschiedene Schicksale haben, ihre Lebensumstände so grundverschieden sind, obwohl es bei ihrer Geburt kaum einen Unterschied gab: du wirst keinen großen Schaden davontragen, Dinge übergangen zu haben, die zu wissen weder möglich noch nutzbringend ist. Verhüllt liegt die Wahrheit tief verborgen. 6. Und wir können uns nicht beklagen, daß die Natur gegen uns böse gesinnt sei; denn wir finden jedes Ding leicht außer jenen, deren einziger Gewinn darin besteht, sie gefunden zu haben. Was immer uns besser und glücklicher machen soll, hat die Natur entweder uns vor Augen oder in die Nähe gestellt. 7. Wenn ein Geist die Launen des Schicksals verachtet, sich über die Angst erhoben hat und nicht in gieriger Erwartung nach Grenzenlosem greift, sondern gelernt hat, Reichtum in sich selbst zu suchen, wenn er Furcht vor den Göttern und Menschen vertrieben hat und weiß, daß von Seiten der Menschen wenig, von den Göttern nichts zu fürchten ist, wenn er in Verachtung all dessen, was das Leben gleichzeitig bereichert und zur Qual macht, zu der Überzeugung gelangt ist, daß der Tod nicht Leiden verursache, sondern oft deren Ende bedeute, wenn ein Mensch seine Seele der Tugend gewidmet hat und jeden Weg, den zu gehen sie ihn aufruft, für eben hält, wenn er als Mitglied der menschlichen Gesellschaft, geboren für das gemeinsame Wohl, die Welt als Vaterhaus aller Menschen betrachtet und sein Gewissen den Göttern eröffnet, immer gleichsam unter den Augen aller sein Leben führt und vor sich selbst noch mehr Respekt hat als vor den andern: dieser steht, geschützt vor Stürmen, auf festem Boden unter heiterem Himmel und hat in sich ein Wissen aufgenommen, das nützlich und unentbehrlich ist. Alles übrige ist vergnüglicher Zeitvertreib. Freilich kann der Geist, hat er sich einmal auf sicheren Grund zurückgezogen, auch auf jene Dinge abschweifen, die seine Fähigkeiten nicht in erster Linie stärken, sondern verschönern."

2,1. Diese Lehrsätze, sagt mein Freund Demetrius, muß der sittlich Fortschreitende mit beiden Händen festhalten, darf er nie fahrenlassen, sondern muß sie vielmehr sich anheften und zu einem Teil seiner selbst werden lassen. Er muß durch tägliche Einübung soweit kommen, daß sie von selbst hilfreich zur Stelle sind und er sie, wenn er sie begehrt, überall sofort greifbar hat und ihm jene wichtige Unterscheidung zwischen Gut und Schlecht ohne Verzögerung zur Hand ist.

Der Hauptgedanke steht pragmatisch zu Beginn der ganzen Passage; die eigentliche Sermocinatio ist nicht viel mehr als eine Exemplifikation. Dabei nehmen, wie in der Diatribe üblich, die negativen Ausführungen und Beispiele einen breiteren Raum ein als die positiven, die knapp und einprägsam formuliert sind. Die in § 7 aufgezählten Lehrsätze kündigt Demetrius als *praecepta* an. Dabei zeigt sich jedoch im Vergleich mit den theoretischen Erörterungen in Senecas 94. und 95. Brief eine gewisse Verwischung in der Terminologie. Die Aufzählung in de ben. VII 1,7 entspricht weniger praktischen Lebensanweisungen oder speziellen Vorschriften (*praecepta*) als philosophischen Lehrsätzen, die für das ganze Leben gültig und ausreichend sind (*decreta*). Die hier aufgezählten enthalten bekanntes stoisches Lehrgut, das Senecas gesamtes Epistelwerk durchsetzt: Das wahre Gut erreicht der Mensch nur durch Verachtung dessen, was das Schicksal ihm bringt, epp. 23,6f.; 71,37; vgl. auch de vit. beat. 4,2; de ben. II 34,4. Unersättlichkeit im Besitzen bringt unweigerlich die Furcht mit sich, den erworbenen Reichtum zu verlieren. Reich ist, wer des Reichtums nicht bedarf, epp. 14,18; 17; 119. Furchtlosigkeit vor Göttern und Menschen ist ein Teil jener Freiheit, die wir in unserer Vollkommenheit erreichen werden, ep. 75,18. Die Unruhe und Sorgen des Wohlhabenden und Mächtigen sind geradezu sprichwörtlich, epp. 76,30ff.; 115,16. Befreiung von Todesfurcht ist ein Hauptanliegen Senecas und wird deshalb in seinen Briefen oft abgehandelt, z.B. in 24; 36; 54. Für den, der allein der Tugend folgt, ist auch der steilste Weg ein Leichtes, ep. 84,13; vgl. dazu de const. sap. 1,2; de ira II 13,1. Kosmopolit im eigentlichen Sinn ist der Weise, und aus der Verwandtschaft mit allen Menschen erwachsen ihm die Pflichten und die Verantwortung für alle[66], ep. 95,52. Nichts hat der Tugendhafte zu verbergen, sein Leben muß Vorbild sein, epp. 25,5—7; 43,3—5.

Diese fest formulierten Lehrsätze erwarten wir eigentlich eher aus dem Mund eines Stoikers als eines erklärten Kynikers. Zwar zählt auch Diogenes Laertios am Ende des 6. Buches Placita (ἀρέσκοντα) der Kyniker auf, doch sind diese eine Mischung aus

---

[66] Zum Weltbürgertum des Weisen s. meinen Kommentar zu Epict. III 22,4. 47, S. 49 und 108.

exemplarischen, d. h. aus den Anekdoten herausgeschälten, Verhaltensweisen und einigen wenigen mit stoischer Ethik sich deckenden Lehrsätzen. Da die alten Kyniker nicht wie die Stoa über ein (schriftlich fixiertes) Lehrsystem verfügten, sondern ihre Unterweisung in erster Linie auf das gelebte Vorbild und das exemplarische Verhalten stützten, beschränkte sich ihre Ethik notgedrungen auf den präzeptiven Teil (vgl. Seneca ep. 94,1). Die lange Rede des Demetrius hingegen erweist sich als eine Vermengung von Stoischem und Kynischem. Stoische Lehrsätze werden, in das Gewand der Diatribe gehüllt, dem sittlich Fortschreitenden auf den Weg mitgegeben. Dabei wird, der paränetischen Absicht entsprechend, viel mehr Wert auf die einprägsame Form des Satzes gelegt als auf seine Begründung. Die Griffbereitschaft ethischer Merksätze ist ein Hauptanliegen der kynisch-stoischen Unterweisung[67].

Fragen wir nach der Authentizität von Demetrius' Belehrung, so können wir zusammenfassend festhalten, daß der Gedanke von der Griffbereitschaft philosophischer Merksätze kynisch-stoisches Gemeingut ist und daher einen festen Platz in der paränetischen Unterweisung des Demetrius hatte. Die Aufzählung der *praecepta* bzw. *decreta* in § 7 läßt wegen ihres fast ausschließlich stoischen Kolorits auf eine Redaktion Senecas schließen, während die lange Reihe der negativen Exempla (§§ 4—5) sowie die Geringschätzung der wissenschaftlichen Naturerforschung eher der kynischen Einstellung des Demetrius und der allgemeinen popularphilosophischen Tradition entspricht.

c) *Bewährung der ‚virtus'*

Zweck der ethischen Unterweisung ist es, den sittlich Fortschreitenden für den Lebenskampf zu wappnen und ihm das Rüstzeug an die Hand zu geben, selbständig den Weg zur Vollkommen-

---

[67] Muson. p. 25,14 ἰδία δὲ τῆς ψυχῆς ἄσκησίς ἐστι πρῶτον μὲν τὰς ἀποδείξεις προχείρους ποιεῖσθαι τάς τε περὶ τῶν ἀγαθῶν τῶν δοκούντων ὡς οὐκ ἀγαθά, καὶ τὰς περὶ τῶν κακῶν τῶν δοκούντων ὡς οὐ κακά. Epict. III 10,1 ἑκάστου δόγματος ὅταν ἡ χρεία παρῇ, πρόχειρον αὐτὸ ἔχειν δεῖ. Vgl. auch III 24,115. Marc. Aur. III 13 ὥσπερ οἱ ἰατροὶ ἀεὶ τὰ ὄργανα καὶ σιδήρια πρόχειρα ἔχουσι πρὸς τὰ αἰφνίδια τῶν θεραπευμάτων, οὕτω τὰ δόγματα σὺ ἔτοιμα ἔχε πρὸς τὸ τὰ θεῖα καὶ ἀνθρώπινα εἰδέναι, καὶ πᾶν τὸ μικρότατον οὕτω ποιεῖν ὡς τῆς ἀμφοτέρων πρὸς ἄλληλα συνδέσεως μεμνημένον. Galen, Script. min. I ed. Marquardt (1889) p. 40,10 ἀεὶ πρόχειρον ἔχειν δεῖ τὸ περὶ τῆς αὐταρκείας δόγμα. S. dazu P. Rabbow, Seelenführung 124ff.; 334ff.; I. Hadot, Seelenleitung 58f.

[68] vgl. I. Hadot, Seelenleitung 27—29. 34.

heit zu gehen. Darin aber muß der Seelenleiter Vorbild sein[68]. Was nützen schöne Lehrsätze, wenn sie nicht in die Tat umgesetzt werden? Übereinstimmung muß herrschen zwischen seinen Worten und seinem Leben. Diese Forderung ist ein Hauptanliegen der spätstoischen Paränese und zieht sich wie ein roter Faden auch durch Senecas Epistelwerk[69]. In de vita beat. 17—22 wird das Thema unter dem Aspekt von gepredigter Armut und gelebtem Reichtum ausführlich abgehandelt, allerdings in praktischer Sicht von Senecas eigenem Standpunkt aus. Den Vorwurf, die Philosophen, d. h. in diesem Fall er selbst, täten das Gegenteil von dem, was sie predigten, erledigt Seneca mit dem Hinweis auf seine noch nicht erreichte sittliche Vollkommenheit; er sei erst *proficiens*, noch nicht *sapiens*[70]. Häufig genannte und sozusagen exemplarische Zielscheibe der erwähnten Kritik sind die Scheinkyniker. Besonders die Satiren Lukians nähren sich aus dem Zwiespalt, der zwischen dogmatischen Ansprüchen und täglichem Leben klafft[71]. Um so überzeugender erscheint bei Seneca die konsequente Haltung des Kynikers Demetrius, ep. 20,9

Ego certe aliter audio quae dicit Demetrius noster, cum illum vidi nudum, quanto minus quam [in] stramentis incubantem: non praeceptor veri sed testis est.

Ich jedenfalls höre ganz anders zu, was unser Demetrius zu sagen hat, wenn ich ihn nur in dürftiger Kleidung und auf einem Lager liegen sehe, das noch ärmlicher ist als eine Strohschütte: nicht Lehrer der Wahrheit ist er, sondern ihr Zeuge.

In dieser knappen Darstellung will Seneca paradeigmatisch des Demetrius Übereinstimmung von Leben und Lehre, wie diese in de vit. beat. 18,3 (s. oben S. 29) umrissen wurde, aufzeigen. Dabei hebt er konsequent auch hier dessen Übersteigerung der kynischen Bedürfnislosigkeit hervor. Sprichwörtlich für die Kyniker und alle, die sich dem einfachen Leben verschrieben haben, ist der *grabattus* (eine Art Feldbett; ep. 18,7), ein *cubile humi positum* (ep. 5,2) und der Tribon (ein grober Wollmantel)[72]; Demetrius hingegen begnügt

---

[69] vgl. z. B. Musonius V—VI; Epict. I 29,55—57; Ench. 49; Sen. epp. 20,2; 34,4; 74,30; 75,4.
[70] s. dazu M. T. Griffin, Seneca 302—8.
[71] z. B. in den ‚Fugitivi‘ und im ‚Peregrinus‘.
[72] s. oben S. 28.

sich mit allerdürftigster Kleidung[73] und einer Bettstatt, die sogar
noch einfacher ist als ein Feldbett oder gar ein Strohsack.

Das äußerst bescheidene Leben, das ein echter Kyniker frei-
willig auf sich nimmt, bietet ihm die Möglichkeit, seine sittliche
Stärke zu demonstrieren. Um noch größere Wirksamkeit zu erzielen, fordert der Weise das Schicksal geradezu heraus, wünscht
sich dessen Schläge, um sich ihnen überlegen zeigen zu können[74].
Die Unglücksfälle bieten Gelegenheit, die sittliche Vollkommenheit
unter Beweis zu stellen[75]. Diese Lebenssituation vergleicht Seneca
gern mit der Seefahrt: wie der Seemann sein Fahrzeug heil durch
die stürmischen Wogen zu steuern hat, so muß der Mensch die
Schicksalsschläge seines Lebens meistern[76]. In wirkungsvoller Um-
kehrung hat offensichtlich auch Demetrius das Bild gebraucht,
ep. 67,14

Hoc loco mihi Demetrius noster occurrit, qui vitam securam et sine ullis
fortunae incursionibus mare mortuum vocat.

Hier fällt mir unser Demetrius ein, der ein sorgenfreies und von jeglichen Schicksalsschlägen verschontes Leben ein totes Meer nennt[77].

Die charakteristisch kynische Umwertung der Werte zeigt auch
das inhaltlich nahestehende Dictum in de prov. 3,3

Inter multa magnifica Demetri nostri et haec vox est, a qua recens sum —
sonat adhuc et vibrat in auribus meis: ,nihil' inquit ,mihi videtur infeli-
cius eo cui nihil umquam evenit adversi'.

Zu den vielen vortrefflichen Aussprüchen unseres Demetrius gehört auch
der folgende, den ich noch frisch im Gedächtnis habe; noch tönt und
hallt er mir im Ohr nach: „Nichts, sagt er, kommt mir unglücklicher vor
als der Mensch, dem niemals ein Unglück zugestoßen ist."

---

[73] Die Analogie zu de vit. beat. 18,3 spricht dafür, *nudus* hier nicht bedeu-
tungsgleich mit *seminudus*, d. h. mit dem Tribon bekleidet, aufzufassen, sondern
es als eine Steigerung desselben zu verstehen, d. h. mit noch dürftigerer Kleidung als einem Wollmantel bedeckt.

[74] Sen. de prov. 2,8; 4,3.

[75] de prov. 4 (§ 6 *calamitas virtutis occasio est*); de const. sap. 3,4; de vit.
beat. 27,2 (am Beispiel des Sokrates); epp. 66,49—52; 71,25.

[76] de prov. 5,9; ad Marc. 5,5; 6,3; ad Polyb. 9,6; ep. 70,3f.; das bewegte
Meer wird mit der inneren Unruhe verglichen, de tranq. an. 2,1 (vgl. auch 1,18);
de brev. vit. 2,3. Zu dem in der kynisch-stoischen Diatribenliteratur oft angewandten Steuermannsvergleich s. R. Helm, Lucian und Menipp 147, Anm. 3;
G. A. Gerhard, Phoinix 98; zur Metapher und ihrer Nachwirkung vgl. auch
J. W. Smit, Studies on the Language and Style of Columba the Younger (Colum-
banus), Amsterdam 1971, 172—89.

[77] Große Ähnlichkeit mit diesem Vergleich zeigt de prov. 4,6 *illos merito*
quis dixerit miseros qui nimia felicitate torpescunt, quos velut in mari lento
tranquillitas iners detinet. Vgl. auch Plut. de virt. mor. 452 B.

Ebenso prägnant ist Senecas eigene Formulierung kurz nach diesem Dictum, de prov. 4,3 *miserum te iudico, quod numquam fuisti miser*[78].

Die innere Unabhängigkeit vom Schicksal gewinnt der sittlich Fortschreitende langsam mit Hilfe der *praemeditatio*. In Gedanken soll er all das vorwegnehmen und im voraus innerlich zu überwinden suchen, was ihm mit Sicherheit zustoßen wird, nämlich Krankheit, Verlust von Angehörigen und Freunden, Tod[79]. Der Weise demonstriert seine Freiheit vom Schicksal darin, daß er ihm zuvorkommt. Zwingen können die Gesetze der Natur ihn nicht; denn da er ihre kausalen Zusammenhänge durchschaut, den Willen der Götter erkennt, folgt er ihnen aus eigenem Antrieb[80]. Als Vorbild solcher Schicksalsunabhängigkeit sieht Seneca auch den Kyniker Demetrius, den er stellvertretend für den stoischen Weisen sprechen läßt, de prov. 5,5

Hanc quoque animosam Demetri fortissimi viri vocem audisse me memini: ,hoc unum' inquit ,de vobis, di immortales, queri possum, quod non ante mihi notam voluntatem vestram fecistis; prior enim ad ista venissem ad quae nunc vocatus adsum. Vultis liberos sumere? vobis illos sustuli. Vultis aliquam partem corporis? sumite: non magnam rem promitto, cito totum relinquam. Vultis spiritum? quidni nullam moram faciam quominus recipiatis quod dedistis? A volente feretis quidquid petieritis. Quid ergo est? maluissem offerre quam tradere, Quid opus fuit auferre? accipere potuistis; sed ne nunc quidem auferetis, quia nihil eripitur nisi retinenti.'

Auch diese leidenschaftliche Äußerung des äußerst energischen Demetrius gehört zu haben erinnere ich mich: „Nur diese eine Klage, ihr unsterblichen Götter, könnte ich gegen euch vorbringen, daß ihr mir euren Willen nicht vorher kundgetan habt. Ich hätte mich nämlich früher dafür zur Verfügung gestellt, wozu ich jetzt aufgefordert zur Stelle bin. Die Kinder wollt ihr mir nehmen? Für euch habe ich sie auferzogen. Einen Teil meines Körpers wollt ihr? Nehmt; nichts Großes verspreche ich, bald werde ich ihn euch ganz überlassen. Den Geist wollt ihr?

---

[78] Wie andere paränetische Merksätze läßt sich auch dieses Dictum bis in die Zeit der frühgriechischen Weisheitssprüche zurückführen, D. L. I 86 (Aussprüche des Bias) ἔλεγε δὲ ἀτυχῆ εἶναι τὸν ἀτυχίαν μὴ φέροντα.

[79] Sen. de const. sap. 19,3 *omnia leviora accident expectantibus;* ep. 107. Mit dem Gedanken der Prämeditation verwandt ist auch der Konsolationstopos, daß alles, was wir besitzen oder uns umgibt, nur geliehene Güter sind und wir sie früher oder später an die Verleiher, d. h. die Natur und die Götter, zurückgeben müssen, vgl. ad Marc. 10,1—2.

[80] Zu diesem Gedanken vgl. Sen. de vit. beat. 15,5—7; D. L. VII 28 (über Zenon); Epict. IV 1,89.

Warum soll ich aufschieben, daß ihr zurückerhält, was ihr gegeben habt? Von einem Willfährigen werdet ihr bekommen, was immer ihr verlangt. Also gut. Lieber hätte ich dies alles euch angeboten statt übergeben. Warum war es nötig, es zu entreißen? Ihr hättet es in Empfang nehmen können. Aber entreißen werdet ihr es mir nicht einmal jetzt, weil man nur dem entreißt, der festhält."

Neben dem üblichen Problem der Authentizität eines Demetrius-Zitats zeigt sich hier zusätzlich eine gewisse Schwierigkeit darin, das Zitat genau abzugrenzen. Während die modernen Ausgaben als Ausführungen des Demetrius den ganzen oben ausgeschriebenen Text auffassen, läßt Justus Lipsius (Ausg. 1652) das eigentliche Zitat nach *vocatus adsum* enden. Für letzteres spricht, daß die Bezeichnung *vox* bei Seneca in der Tat stets für kurze Aussprüche, wie jene Epikurs in den ersten Lucilius-Briefen[81], gebraucht wird. Auch die *vox* in de prov. 3,3, auf welche hier in der Zitateinleitung angespielt wird, bezieht sich nur auf ein kurzes Dictum. Dazu kommt, daß der Kyniker Demetrius wohl kaum ein typisches Beispiel eines stoischen Familienvaters ist, der seine Kinder den Göttern wieder zurückgibt. Bei Zitatschluß vor den Beispielen hingegen stellt sich die Frage, wer denn nach diesem unausgesprochenen Subjektwechsel der Sprecher ist[82]. Mit Sicherheit können wir nur festhalten, daß das „Kurzzitat" einen in sich geschlossenen Gedanken enthält, der im folgenden exemplifiziert wird. Das Ende des „Langzitats" jedoch ist prägnant formuliert und schließt den Kontext wirkungsvoll ab. Illustrierende Beispiele gehören zur kynisch-stoischen Unterweisung; wenn diese hier auch nicht im modernen Sinn authentisch sind, sondern dem Kyniker Demetrius, der stellvertretend für die *sapientes* spricht, in den Mund gelegt wurden, so stimmen sie doch mit seiner Einstellung überein.

Auffallender in dem Zusammenhang ist die Allokution an die Götter. Zwar können wir wegen der spärlichen Überlieferung über Demetrius nichts Genaues über seine religiöse Auffassung sagen, doch wird hier eine charakteristische Seite der neukynischen Bewegung kurz beleuchtet. Die alten Kyniker, besonders Diogenes, lehnten den herkömmlichen Kult ab, auch wenn sie die Existenz

---

[81] epp. 8,7; 9,20; 13,16; 22,13f.; 25,4.
[82] Diese Frage stellt sich allerdings auch bei Zitatende nach *nisi retinenti*. Denn auch dort geht die, nun kommentierende, Ausführung in der 1. Person weiter.

einer Gottheit nicht *expressis verbis* bestritten[83]. Ausgesprochen
religiös gefärbt ist der Kynismus, wie Epiktet ihn in III 22 gezeich-
net hat. Der ideale Kyniker wird als Bote und Stellvertreter des
Zeus unter den Menschen dargestellt. Ihm allein ist er Rechen-
schaft schuldig, mit ihm ist er durch seine sittliche Vollkommenheit
verbunden. Mag bei Epiktet auch persönliche Religiosität die
Kynikerdarstellung stark geprägt haben, der Einfluß der stoischen
Theologie muß schon zu Beginn im Neukynismus angelegt gewesen
sein[84].

d) *Kynische Redefreiheit und Schamlosigkeit*

Ein Charakteristikum des Kynikers ist die freie Rede (παρρησία),
denn Aufgabe jedes Menschenführers oder Seelenleiters ist es, die
Menschen auf ihre sittlichen Verfehlungen aufmerksam zu machen
und die Laster schonungslos anzuprangern. Das Recht und die
Pflicht zur Parrhesie, vor allem Höhergestellten und Mächtigen
gegenüber, begründete der Kyniker mit seiner sittlichen Vollkommenheit, oder zumindest Überlegenheit, und mit seiner, im Fall
des Diogenes freilich recht brutal angewandten Philanthropie. Um
noch größere Wirkung zu erzielen, liebte dieser es besonders, seine
freie Rede durch demonstrativ schamloses Verhalten zu unter-
mauern. Bei Krates hingegen treten diese herben Züge stark zurück,
er galt geradezu als Prototyp des menschenfreundlichen, milden
Seelenleiters[85].

Stand hinter der Parrhesie der alten Kyniker im wesentlichen
die ernste Absicht, den Wahlspruch des παραχαράττειν τὸ νόμισμα
(D. L. VI 71; Jul. or. 7,211 B—C) sinnfällig zu machen und die
wahre Unabhängigkeit von den Menschen zu demonstrieren, so

---

[83] vgl. D. L. VI 37. 42 (vgl. Cic. de nat. deor. 3,83). 45. 73; s. dazu R. Helm,
Lucian und Menipp 91. 121. 140. Zum Problem der religiösen Einstellung der
Kyniker im allg. s. auch J. F. Kindstrand, Bion of Borysthenes 240f.

[84] Entschieden zu weitgehend scheint mir die Interpretation von K. Abel,
Bauformen in Senecas Dialogen, Heidelberg 1967, 116, der in dieser Sermocinatio „freudigen Gottesgehorsam", „religiöse Inbrunst", „pathetische Ergriffen-
heit" sowie Einhüllung „des metaphysisch-religiösen Sinngehalts" des Kynikers
sehen will. Die Allokution erweist sich doch gerade als höchster Anspruch des
Kynikers auf Autarkie und Gleichstellung mit den Göttern aufgrund seiner
sittlichen Vollkommenheit; vgl. Senecas kommentierende Worte (§ 6), *nec
servio deo sed assentior*. Ähnlich auch ep. 96,2 *in omnibus quae adversa viden-
tur et dura sic formatus sum: non pareo deo sed adsentior; ex animo illum, non
quia necesse est, sequor.*

[85] s. dazu meinen Kommentar zu Epict. III 22,72. 82, S. 137 und 145.

wurden freie Rede und Schamlosigkeit für die kaiserzeitlichen Epigonen nur allzuoft zu einem Freipaß für Unbeherrschtheit, schlechtes Benehmen und bodenlose Frechheit. Einen Diogenes konnte die Gesellschaft Athens oder Korinths dulden, die kynischen Auswüchse der Kaiserzeit waren für die Gesellschaft Roms untragbar. Wenn sich Demetrius als erklärter Kyniker dennoch Zugang und Ansehen in den besten Kreisen erwerben konnte, so muß der Grund in seinem wachen Geist, einer gemäßigt kynischen Haltung (zumindest innerhalb dieser Gesellschaft), menschlicher Zugänglichkeit und einer gewissen Originalität zu suchen sein. Dem asketisierenden Flügel innerhalb der zeitgenössischen Stoa mag er zwar in seiner Lehre nahegestanden haben, doch immerhin fern genug, um als Nachfolger des Diogenes auf die Bezeichnung ‚Cynicus' Anspruch zu erheben. Einen Hinweis auf seine Parrhesie und unzimperliche Ausdrucksweise dürfen wir in Senecas kurzer Einleitung zur Sermocinatio gegen den Reichtum (de ben. VII 8,2) sehen[86]. Er erwähnt dort dessen ungekünstelten Stil, die impulsiven, dem jeweiligen Thema angemessenen Reden. Eine Kostprobe von der selbstsicheren Direktheit gibt Seneca in der Anekdote von der Ablehnung eines Geldgeschenks (de ben. VII 11,1—2)[87]. Allerdings äußert Demetrius, nach Senecas Schilderung, seinen Freimut nicht in echt kynischer Weise dem Kaiser selbst gegenüber, sondern gibt ihn erst nachträglich zum besten. Es ist hier nicht sicher auszumachen, ob Demetrius soviel Parrhesie vor dem Herrscher tatsächlich nicht gewagt hat, oder ob Seneca eine spontane Reaktion nachträglich zu einer reflektierten Pointe herunterschraubte. Wie wir aus den nicht-senecanischen Quellen noch sehen werden, genoß Demetrius, der dort allgemein als echt kynischer Belferer erscheint, im Herrscherhaus offenbar kein besonderes Ansehen. Ob dies in Zusammenhang mit seiner Verbindung zur „stoischen Opposition" gesehen werden muß, ist schwer zu entscheiden. Jedenfalls fällt auf, daß Seneca anderweitig bezeugte Äußerungen des Demetrius gegen den Kaiser[88] nicht erwähnt. Erklärt wird dieser Umstand am ehesten durch die in ep. 73 geäußerten Gedanken. Offenbar hielt es Seneca in seinem eigenen Interesse für nötig oder ratsam, die Philosophen gegen die steigende Antipathie und Meinung, sie

---

[86] oben S. 19.
[87] oben S. 26—27.
[88] Cassius Dio LXVI 13,1; Suet. Vesp. 13; Epict. I 25,22.

seien nur Aufwiegler und letztlich Staatsfeinde, in Schutz zu nehmen. Nicht widerspenstige, halsstarrige Verächter der Beamten sind sie, sondern dem Herrscher dankbar, daß er ihnen Ruhe und Sicherheit und damit die Möglichkeit zum Philosophieren gibt. Diese Verteidigung gegenüber Nero ist natürlich zugleich eine deutliche Warnung an die Adresse der „stoischen Opposition", allzu klare Position gegen den Kaiser und dessen Politik zu beziehen[89]. In Gegensatz zu dieser Zurückhaltung steht die Überlieferung von Demetrius' bissiger Rede gegen einen reichen Freigelassenen in nat. quaest. IV A praef. 7—8

7. *Demetrium egregium virum memini dicere cuidam libertino potenti facilem sibi esse ad divitias viam, quo die paenituisset bonae mentis. ‚Nec invidebo‘, inquit, ‚vobis hac arte, sed docebo eos quibus quaesito opus est quemadmodum non dubiam fortunam maris, non emendi vendendique litem subeant, non incertam fidem ruris, incertiorem fori temptent, quemadmodum non solum facili sed etiam hilari via pecuniam faciant gaudentesque despolient. 8. Te, inquit, longiorem Fido Annaeo iurabo et Apollonio pycte, quamvis staturam habeas Thraecis cum Thraece compositi. Hominem quidem non esse ullum liberaliorem non mentiar, cum possis videri omnibus donasse quicquid dereliquisti.‘*

7. Ich erinnere mich, wie Demetrius, ein außergewöhnlicher Mann, zu einem mächtigen Freigelassenen sagte, leicht werde ihm der Weg zu Reichtum mit dem Tag sein, da er von seinem vernünftigen Denken genug hätte. „Nicht werde ich", sagte er, „euch diese Kunst neidisch vorenthalten, sondern ich werde jenen, die Gewinn nötig haben, beibringen, wie man ohne Unsicherheit, wie sie der Seehandel mit sich bringt, ohne Gefahr von Prozessen, wie sie bei Kauf und Verkauf besteht, ohne unsichere Ernteaussichten, ohne Risiko bei Geldgeschäften leicht und angenehm Geld macht und Leute zu deren eigener Freude ausplündert. 8. Schwören werde ich, daß du größer gewachsen bist als Fidus Annaeus und Apollonius, der Faustkämpfer, obwohl du die Figur von einem Thraker hast, der mit einem andern Thraker kämpft[90]. Wenn ich sage, daß es keinen freigebigeren Menschen gibt als dich, wird dies nicht gelogen sein, da du ja den Anschein zu erwecken vermagst, allen geschenkt zu haben, was du ihnen nicht weggenommen hast."

---

[89] s. dazu M. T. Griffin, Seneca 360—64.

[90] *Thraecis cum* ist Lipsius' Konjektur aus überliefertem *thecisum* HZG, *thetisum* P. Die Anspielung geht offenbar auf eine bestimmte Art von Gladiatorenkampf; zu diesen s. L. Friedländer, Sittengeschichte Roms IV 263f. Die Thraker waren mit einem kleinen Schild (*parma*) und einem sichelartigen Kurzschwert (*sica*) ausgerüstet. Die Anspielung des Demetrius verstand J. Lipsius (Ausg. 1652, S. 744, Anm. 15; vgl. Saturn. serm. libri duo, qui de gladiatoribus, Antwerpen 1598, II 9) so, daß sich die Kämpfenden zum Schutz duckten und sich gleichsam hinter ihrem kleinen Schild zusammenrollten, was ihnen dann ein gedrungenes Aussehen verlieh.

Der Kyniker geißelt mit bissiger Ironie zugleich Reichtum und Schmeichelei. Schon die Einleitungsworte, daß er die Hände dann nach Geld ausstrecken werde, wenn er genug habe von seiner Philosophie, wirkt natürlich bewußt grotesk. Der Satz *brevissima ad divitias per contemptum divitiarum via est* (ep. 62,3) ist wirkungsvoll in sein totales Gegenteil verdreht. Viel leichter als der Weg über die Mühen und Gefahren, die, dem Diatribenstil gemäß, exemplarisch aufgezählt werden, ist das Rezept der Schmeichelei. Besonders gelungen ist die Rede darin, daß sie scheinbar so harmlos belehrend beginnt, um in eine scharfe Spitze auszulaufen, aber nicht etwa gegen den Schmeichler, sondern — und darin liegt die verkappte Parrhesie — gegen den Umschmeichelten.

Wohl mehr als ein Zeichen von kynischer Schamlosigkeit denn von freier Rede ist der deftige Ausspruch des Demetrius in ep. 91,19 zu verstehen:

Eleganter Demetrius noster solet dicere eodem loco sibi esse voces inperitorum quo ventre redditos crepitus. ,quid enim'; inquit, ,mea, susum isti an deosum sonent?'

Zu den trefflichen[91] Aussprüchen unseres Demetrius gehörte auch der: „Bemerkungen ungebildeter Leute rangieren für mich auf derselben Stufe wie die Geräusche, die vom Bauch kommen. Was macht es schon aus, ob sie oben oder unten ertönen?"

Das ist aber auch das Äußerste, was Seneca vom kynischen Kolorit seines Freundes aufzunehmen bereit war. Die andern Dicta enthalten, wie wir im Lauf unserer Untersuchung feststellen konnten, nichts eigentlich Anstößiges oder wurden jedenfalls so zugestutzt, daß sie römisches Empfinden nicht verletzten.

---

[91] Daß Seneca *eleganter* hier witzig oder gar ironisch gemeint hat, ist dem Zusammenhang nicht zu entnehmen. Auch ist die Wortwahl nicht ein Geschmacksausrutscher (wie Ed. Zeller, Philosophie der Griechen III 1, 796, Anm. 1 meint). Das Adverb besagt nichts anderes, als daß Demetrius mit seinem groben Vergleich den Nagel auf den Kopf trifft.

KAPITEL III

DEMETRIUS IM URTEIL DER NACHWELT

Unter dem Eindruck der persönlichen Freundschaft und der Bewunderung hat Seneca Aussprüche und Lehrauszüge des Demetrius in sein Werk eingestreut. Als einen Mann, der seine Überzeugungen ernstnahm und sie konsequent im täglichen Leben durchzuführen bereit war, stellt er ihn dem sittlich Fortschreitenden vor Augen. Dabei erläutert Seneca weder die äußeren Umstände dieser Freundschaft noch nennt er die Verbindungen, die der Kyniker zu andern philosophisch interessierten Kreisen hatte; die Darstellung dient ausschließlich dem pädagogischen Zweck.

Ganz anders verhält es sich mit jenen Schriftstellern, die den Kyniker entweder nur als historische Persönlichkeit in einem bestimmten Zusammenhang erwähnen oder bei passender Gelegenheit eines seiner Dicta einflechten.

1. TACITUS

Die Erwähnungen des Demetrius in den Annalen und in den Historien stehen jeweils in Zusammenhang von Tacitus' Darstellung der sogenannten philosophischen Opposition. Es handelt sich dabei um einen Kreis stoisch orientierter römischer Adeliger, deren führende Persönlichkeit Thrasea Paetus war. Dieser hatte sich aus Protest gegen die zunehmende Unterdrückung des Senats und die Schreckensherrschaft Neros immer mehr aus der aktiven Politik und dem öffentlichen Leben zurückgezogen. Obwohl die Beweggründe zu diesem Rückzug nicht in erster Linie aus seinem Stoicismus erwachsen sind[1], mag zur persönlichen Auffassung von Staatsdienst und Herrschaft die stoische Bildung doch einiges beigetragen haben. Das Königtum ist nach stoischer Lehre Sache des besten Mannes, der nicht durch Erbfolge oder politische Ansprüche zu diesem Amt bestimmt wird, sondern aufgrund seiner *virtus* als

---

[1] Dazu speziell sowie zur philosophischen Opposition im allg. s. M. T. Griffin, Seneca 363—66; Ch. Wirszubski, Libertas 136—50 (dtsch. Übers. 168—86). Die ausführliche Darstellung von E. Cizek, L'Epoque de Néron et ses controverses idéologiques. Roma aeterna 4, Leiden 1972, geht über die bekannten Ergebnisse nicht hinaus und ist zudem in Einzelangaben nicht immer zuverlässig.

Gottes Stellvertreter regiert[2]. Nicht nur diese allgemein bekannten
Lehrsätze, sondern auch die unerschrockene persönliche Haltung
stoischer Politiker mußten dem Kaiser die Philosophie, insbesondere die Stoa, als suspekt und deren Exponenten wie Thrasea
Paetus und seinen Kreis als gefährlich erscheinen lassen. So wurde
denn die Philosophie zum bequemsten Anklagepunkt gegen un-
liebsame Bürger, wurden die Philosophen als staatsfeindliche Ele-
mente in die Verbannung geschickt. Unmittelbaren Anlaß dazu gab
im Jahre 65 die Aufdeckung der Pisonischen Verschwörung. Der
römische Ritter und Lehrer Epiktets Musonius Rufus wurde auf
die unwirtliche Kykladeninsel Gyaros verbannt[3], Seneca und wenig
später Thrasea wurden zum Selbstmord gezwungen. Daß Demetrius selbst kurz darauf aus Rom verbannt wurde, dürfen wir mit
großer Wahrscheinlichkeit aus der Notiz bei Philostrat (vit. Apoll.
IV 42; vgl. auch V 19) schließen, dessen angegebener Grund, nämlich die Scheltrede des Demetrius bei der Eröffnung der neronischen Thermen, allerdings kaum der ausschlaggebende gewesen
war[4].

In den letzten beiden erhaltenen Kapiteln der Annalen (XVI 34—
35) beschreibt Tacitus, wie Thrasea das Senatsurteil in versammel-
ter Gesellschaft und in Anwesenheit des Kynikers Demetrius auf-
nahm und dann in dessen und seines Schwiegersohnes Helvidius'
Beisein den Tod an sich vollzog. Interessant in dieser Schilderung
ist die Anspielung auf die Unterhaltung, die Thrasea mit dem
Kyniker über das Wesen der Seele und ihre Trennung vom Körper
beim Tod führte. Der Locus classicus dafür ist natürlich das Gespräch des Sokrates mit seinen Freunden im platonischen Phaidon.

---

[2] s. dazu meinen Kommentar zu Epict. III 22,34, S. 96f. Zum römischen
Begriff des *optimus princeps*, der sich *nicht* mit der stoischen Vorstellung vom
idealen König deckt, s. Ch. Wirszubski, Libertas 153f. (dtsch. Übers. 189ff.).
[3] Cassius Dio LXII 27,4; Tac. ann. XV 71; Philostr. vit. Apoll. VII 16.
[4] D. R. Dudley, A History of Cynicism 126, Anm. 1 hat überzeugend nachgewiesen, daß Philostrats Angabe über Demetrius' Invektive gegen die neronischen Thermen chronologisch nicht mit seiner angenommenen Verbannung im
Jahr 66 oder 67 übereinstimmt. Auch dürfte des Demetrius Brandrede, falls
sie historisch ist, nur ein Exempel bekannter kynischer Parrhesie, jedoch kaum
der Grund des Exils gewesen sein. Das bei Epict. I 25,22 angeführte Dictum
des Demetrius ist zu allgemein, als daß es mit Sicherheit auf die spezielle
Situation im Jahre 66 bezogen werden kann, so von M. T. Griffin, Seneca 363,
Anm. 3, s. dazu auch F. Millar, JRS 55, 1965, 141, Anm. 5. Ebensowenig darf
aus den bei Lukian aufgenommenen Anekdoten (s. unten) Sicheres über Auf-
enthalte in Athen und Korinth nach 66 geschlossen werden, so von H. von
Arnim, RE-Artikel „Demetrios", IV 2843, 39ff.

Unmittelbares Vorbild aus den eigenen stoischen Reihen war Cato, der vor seinem Selbstmord im Dialog Phaidon las[5]. Eine zu Thraseas Tod analoge Szene beschreibt Seneca in de tranq. an. 14,6—9; der zum Tode verurteilte Canus Iulius sitzt ruhig beim Brettspiel, als der Centurio, der die Verurteilten abholen muß, bei ihm erscheint. Auch hier gelten die letzten Worte an die Freunde der Frage, ob die Seele unsterblich sei; auch hier begleitet der Hausphilosoph seinen Herrn zur Hinrichtung[6].

Nicht allein auf Thrasea Paetus erstreckte sich Neros Haß gegen „die Tugend selbst" (Tac. ann. XVI 21), sondern auch auf Barea Soranus, der zusammen mit seiner Tochter Servilia (Tac. ann. XVI 30) zum Selbstmord verurteilt wurde, sein Hausphilosoph und Freund, der Stoiker Publius Egnatius Celer, hatte sich zum Denunzianten gegen seinen Gönner herabwürdigen lassen[7]. Doch im Verlauf der Ermittlungen gegen die unter Nero berüchtigten Delatoren zog im Jahre 70 Musonius, der früher mit Soranus befreundet gewesen und wohl unter Galba oder kurz darauf aus der Verbannung zurückgekehrt war[8], Egnatius Celer im Senat vor Gericht[9] und erreichte seine Verurteilung[10]. Dabei geriet der Kyniker Demetrius, weil er Egnatius verteidigt hatte, in ein recht zweifelhaftes Licht. Tacitus, der im 4. Buch der Historien auf diese Vorgänge und besonders ausführlich auf jene entscheidende Senatssitzung zu sprechen kommt, bringt in knappen aber treffenden Worten das allgemeine Mißfallen darüber zum Ausdruck, Tac. hist. IV 40, 3

---

[5] Sen. ep. 24,6.

[6] vgl. auch die Szenerie bei Senecas Tod, Tac. ann. XV 61—64.

[7] Tac. ann. XVI 32,2f. *et quantum misericordiae saevitia accusationis permoverat, tantum irae P. Egnatius testis concivit. cliens hic Sorani et tunc emptus ad opprimendum amicum auctoritatem Stoicae sectae praeferebat, habitu et ore ad exprimendam imaginem honesti exercitus, ceterum animo perfidiosus, subdolus, avaritiam ac libidinem occultans; quae postquam pecunia reclusa sunt, dedit exemplum praecavendi, quo modo fraudibus involutos aut flagitiis commaculatos, sic specie bonarum artium falsos et amicitiae fallacis:* Iuv. 3. 115f.

[8] vgl. Muson. fr. 47 (= Epict. III 15,14); ebenfalls unter Galba kamen Helvidius Priscus (Tac. hist. IV 6,1) und, falls er wirklich unter Nero verbannt worden war, auch Demetrius nach Rom zurück.

[9] Tac. hist. IV 10 *Tum invectus est Musonius Rufus in Publium Celerem, a quo Baream Soranum falso testimonio circumventum arguebat. ea cognitione renovari odia accusationum videbantur. sed vilis et nocens reus protegi non poterat: quippe Sorani sancta memoria; Celer professus sapientiam, dein testis in Baream, proditor corruptorque amicitiae, cuius se magistrum ferebat.*

[10] Tac. hist. IV 40 *damnatusque Publius et Sorani manibus satis factum.*

Iustam vindictam explesse Musonius videbatur, diversa fama Demetrio Cynicam sectam professo, quod manifestum reum ambitiosius quam honestius defendisset.

Musonius schien eine gerechte Ahndung vollzogen zu haben, während die Meinung über den Kyniker Demetrius negativ ausfiel, da er den offensichtlich Schuldigen mehr aus Ehrgeiz denn aus Ehrgefühl verteidigt hatte.

Dieses vernichtende Charakterurteil steht zu dem Bild, das wir von Demetrius aus Senecas Darstellung gewonnen haben, in schroffem Gegensatz. Selbst bei Berücksichtigung von Tacitus' eigenen Vorbehalten der Philosophie gegenüber, von denen etwas auch in die Charakterisierung und Beurteilung des Egnatius Celer und des Demetrius eingeflossen sein mag[11], kann die hier aufgezeigte zwielichtige Haltung des Demetrius nicht mit seiner bei Seneca so gelobten ‚*congruentia actionum*' in Einklang gebracht werden. Zwar sind uns die Gründe, weshalb Demetrius Egnatius verteidigte, nicht bekannt; doch ist die Tatsache, daß er die Verteidigung übernommen hat, Anlaß genug, Zweifel an der absoluten Unbestechlichkeit des Kynikers aufkommen zu lassen[12].

2. CASSIUS DIO

Hatte sich Nero nach Aufdeckung der Pisonischen Verschwörung veranlaßt gesehen, gegen seine Feinde, besonders Thrasea Paetus und dessen politische und philosophische Freunde, vorzugehen, so stand Vespasian einer neuen Front unter Helvidius Priscus gegenüber. Wie einige Jahre zuvor tritt in diesem Zusammenhang auch Demetrius wieder in Erscheinung. Unklar ist allerdings, in welchem Verhältnis er zu Priscus stand, dessen Hauptanliegen ja die gerichtliche Verfolgung der ehemaligen Delatoren war und daher des Demetrius Verteidigung für den Denunzianten Egnatius kaum hatte gutheißen können. In der Schilderung, die Cassius Dio im 66. Buch von dieser neuen „philosophischen Opposition" gibt, erscheint Helvidius Priscus als Aufwiegler, ja geradezu als Anar-

---

[11] s. dazu R. Syme, Tacitus, Oxford 1958, II 553f.

[12] Nicht undenkbar ist, daß hinter Demetrius' offizieller Verteidigung persönliche Querelen oder Animositäten gegen Musonius standen. Immerhin können wir aus den Diatriben des Musonius schließen, daß dieser kein Bewunderer des zeitgenössischen Vulgärkynismus war, sondern jede Art kynischer Schaustellung ablehnte und das Erbe des Diogenes und Krates nur in seiner vergeistigten, stoischen Form anerkennen wollte; s. dazu auch D. R. Dudley, A History of Cynicism 133f.

chist vulgärkynischer Prägung¹³. Hintergrund dieser Charakte-
ristik ist sowohl Dios negative Beurteilung der damaligen Stoa, die
vom Straßenkynismus kaum unterschieden wird, als auch der Haß
des mächtigen Kaiserberaters Mucianus gegen die stoischen
„Oppositionellen". Er war es nämlich, der bei Vespasian eine er-
neute Ausweisung der Philosophen erwirkte. Von dieser Vertrei-
bung im Jahre 71 blieb allein Musonius Rufus verschont, der sich
durch den Prozeß gegen Egnatius Celer ein gewisses Ansehen er-
worben hatte. Allerdings wurde auch er, wenn Hieronymus' Zeugnis zuverlässig ist¹⁴, etwas später aus Rom verbannt und erst 79
von Titus zurückberufen. Demetrius und einen gewissen Hostilianus traf *relegatio in insulam*. Offenbar hielt die Ankündigung
dieser Strafe den Kyniker nicht im geringsten davon ab, weiterhin
gegen Vespasian loszubelfern und ihn zu härteren Sanktionen her-
auszufordern. Doch Vespasian war unwillig, diesem aufsässigen
Rebellen zu einem propagandistischen Märtyrertum zu verhelfen.
Cassius Dio LXVI 13,1—2

1. Ὡς δ' οὖν καὶ ἄλλοι πολλοὶ ἐκ τῶν Στωικῶν καλουμένων λόγων
προαχθέντες, μεθ' ὧν καὶ Δημήτριος ὁ κυνικός, συχνὰ καὶ οὐκ ἐπιτήδεια
τοῖς παροῦσι δημοσίᾳ, τῷ τῆς φιλοσοφίας προσχήματι καταχρώμενοι,
διελέγοντο κἀκ τούτου καὶ ὑποδιέφθειρόν τινας, ἔπεισεν ὁ Μουκιανὸς
τὸν Οὐεσπασιανὸν πάντας τοὺς τοιούτους ἐκ τῆς πολέως ἐκβαλεῖν, εἰπὼν
ὀργῇ μᾶλλον ἢ φιλολογίᾳ τινὶ πολλὰ κατ' αὐτῶν. ... 1a ὅτι Μουκιανὸς πρὸς Βεσπασιανὸν κατὰ τῶν Στωικῶν πλεῖστά τε εἶπε καὶ θαυμάσια,
ὡς ὅτι αὐχήματος κενοῦ εἰσι πεπληρωμένοι, κἂν τὸν πώγονά τις αὐτῶν
καθῇ καὶ τὰς ὀφρύας ἀνασπάσῃ τό τε τριβώνιον ἀναβάληται καὶ ἀνυπό-
δητος βαδίσῃ, σοφὸς εὐθὺς ἀνδρεῖος δίκαιός φησιν εἶναι, καὶ πνεῖ ἐφ'
ἑαυτῷ μέγα, κἂν τὸ λεγόμενον δὴ τοῦτο μήτε γράμματα μήτε νεῖν ἐπίστηται.
καὶ πάντας ὑπερορῶσι, καὶ τὸν μὲν εὐγενῆ τηθαλλαδοῦν τὸν δὲ ἀγενῆ
σμικρόφρονα, καὶ τὸν μὲν καλὸν ἀσελγῆ τὸν δὲ αἰσχρὸν εὐφυᾶ, τὸν δὲ
πλούσιον πλεονέκτην τὸν δὲ πένητα δουλοπρεπῆ καλοῦσι.
2. καὶ πάντας αὐτίκα τοὺς φιλοσόφους ὁ Οὐεσπασιανός, πλὴν τοῦ Μου-
σωνίου, ἐκ τῆς Ῥώμης ἐξέβαλε, τὸν δὲ δὴ Δημήτριον καὶ τὸν Ὁστιλιανὸν
καὶ ἐς νήσους κατέκλεισε. καὶ ὁ μὲν Ὁστιλιανὸς εἰ καὶ τὰ μάλιστα μὴ
ἐπαύσατο περὶ τῆς φυγῆς ἀκούσας (ἔτυχε γὰρ διαλεγόμενός τινι), ἀλλὰ
καὶ πολλῷ πλείω κατὰ τῆς μοναρχίας κατέδραμεν, ὅμως παραχρῆμα
μετέστη· τῷ δὲ Δημητρίῳ μηδ' ὥς ὑπείκοντι ἐκέλευσεν ὁ Οὐεσπασιανὸς

---

¹³ Zu diesem negativen Porträt des Helvidius Priscus, das sich im Vergleich
mit Tacitus' Darstellung als einseitig erweist, s. Ch. Wirszubski, Libertas 147—
50 (dtsch Übers. 182—86).
¹⁴ Eusebius-Hieronymus, Chron. z. Jahr 2095 = 79 n. Chr. (p. 189 H.),
Titus Musonium Rufum philosophum de exilio revocat; s. dazu Ed. Zeller,
Philosophie der Griechen III 1, 756 Anm.

λεχθῆναι ὅτι 'σὺ μὲν πάντα ποιεῖς ἵνα σε ἀποκτείνω, ἐγὼ δὲ κύνα ὑλακτοῦντα οὐ φονεύω.'

Wie nun viele andere, unter ihnen auch der Kyniker Demetrius, durch ihre stoischen Grundsätze angetrieben, unter dem Deckmantel der Philosophie öffentlich viele Dinge sagten, die in den gegenwärtigen Verhältnissen unpassend waren und dadurch auch auf einige einen zunehmend schlechten Einfluß ausübten, sprach Mucianus, mehr aus Zorn denn aus Überzeugung, gegen sie bei Vespasian und überredete ihn, sie alle aus Rom zu verbannen. . . . 1a Mucianus berichtete Vespasian sehr viel Befremdliches über die Stoiker, z. B. sie seien voll hohler Prahlerei; wenn einer von ihnen einen Bart wachsen lasse, die Augenbrauen zusammenziehe, den groben Wollmantel sich über die Schulter werfe und barfuß gehe, nenne er sich gleich weise, tapfer und gerecht und trete groß auf, auch wenn er, wie man sagt, weder das ABC kennt noch schwimmen kann. Auf alle schauten sie von oben herab, nennten einen von guter Familie einen Weichling, einen von niedriger Geburt einen Kleingeist, einen, der gut aussieht, zügellos, einen, der häßlich ist, einfältig, einen reichen gierig, einen armen servil[15].
2. Alsbald verwies Vespasian die Philosophen aus Rom, außer Musonius; Demetrius und Hostilianus relegierte er gar auf Inseln. Obwohl Hostilianus, als er mitten in einem Gespräch von seiner Verbannung unterrichtet wurde, ganz und gar nicht aufhörte, gegen die Monarchie zu belfern, sondern noch viel stärker losfuhr, verließ er dennoch sogleich die Stadt. Dem Demetrius, der sich auch dann noch nicht fügen wollte, ließ Vespasian folgendes ausrichten: „du unternimmst alles, damit ich dich umbringen lasse, aber ich töte keinen bellenden Hund[16]."

Abgesehen von der inkriminierenden Haltung eines Mucianus und den Vorbehalten, die Cassius Dio selbst gegen die „philosophische Opposition" um Helvidius Priscus haben mochte, bleibt immer noch genug, was diese Schilderung des Demetrius in deutlichen Gegensatz zu Senecas Darstellung setzt. Hatte es dieser vermieden, seinen kynischen Freund in offener Freimütigkeit gegen den Herrscher zu zeigen, so erscheint derselbe bei Cassius Dio geradezu als aufsässiger Rebell. Nicht anders ist der Eindruck, den wir aus dem folgenden Zeugnis gewinnen.

---

[15] vgl. auch Epict. III 22,10 mit meinem Kommentar dazu, S. 58.
[16] Die aufsässige, auf Provokation ausgehende Haltung des Demetrius (Nero gegenüber) erwähnt auch Philostr., vit. Apoll. VII 16 θανάτου γλίχονται (sc. οἱ σοφισταί), καὶ οὐ περιμένουσιν αὐτοῦ τὸ αὐτόματον, ἀλλ' ἐπισπῶνται τὸν θάνατον ἐκκαλούμενοι τοὺς ἔχοντας ξίφη. ταῦθ' ἡγοῦμαι καὶ Νέρωνα ἐνθυμηθέντα μὴ ὑπαχθῆναι ὑπὸ Δημητρίου ἀποκτεῖναι αὐτόν, ἐπεὶ γὰρ θανατῶντα ᾔσθετο, οὐ κατὰ ξυγγνώμην ἐπανῆκεν αὐτῷ τὸν θάνατον, ἀλλὰ καθ' ὑπεροψίαν τοῦ κτεῖναι.

3. Sueton

Im 13. Kapitel der Vespasians-Vita beschreibt Sueton die *clementia*, welche der Princeps gegen freimütige Äußerungen seiner Freunde, gegen Anspielungen von Rechtsanwälten und Anrempelungen von Philosophen walten ließ. Wie bei Cassius Dio begnügt sich Vespasian auch hier damit, die Frechheit und Widerspenstigkeit des Kynikers mit Verachtung zu strafen, Vesp. 13

Demetrium Cynicum in itinere obvium sibi post damnationem ac neque assurgere neque salutare se dignantem, oblatrantem etiam nescio quid, satis habuit canem appellare.

Als Demetrius nach seiner Verurteilung dem Kaiser auf einer Reise begegnete und es nicht für nötig fand, aufzustehen und zu grüßen, sondern sogar irgendeine Unverschämtheit knurrend von sich gab, nannte Vespasian ihn einfach „Hund".

4. Epiktet

In der Diatribe I 25 flicht Epiktet zur Erläuterung des Gedankens, daß einer wohl über unseren Körper, nicht aber über unser Hegemonikon Macht ausüben kann, ein Dictum des Demetrius ein, § 22

ὁ Δημήτριος εἶπεν τῷ Νέρωνι ᾽ἀπειλεῖς μοι θάνατον, σοὶ δ᾽ ἡ φύσις᾽.

Demetrius sagte zu Nero: „du drohst mir mit dem Tod, dir tut es die Natur."

Dieses Apophthegma ist ein Wanderdictum: Diogenes Laertios überliefert es als Ausspruch des Sokrates (II 35), so auch das Gnomologium Vaticanum (Nr. 487 Sternbach); ebenfalls dort erscheint es unter Nr. 116 Sternbach als Dictum des Anaxagoras. Ob Demetrius selbst dieses bekannte Bonmot übernommen hat und sich zu eigen machte, oder ob Epiktet diese Anekdote mehr oder weniger frei dem Kyniker zulegte, können wir nicht mit Sicherheit feststellen. Ersteres ist gut möglich, da die Neukyniker sich wie ihre Vorgänger in der Nachfolge des Sokrates fühlten und sich auch in ihrer bedrängten Lage gern mit dem angeklagten und zum Tod verurteilten Sokrates vergleichen mochten. Die Ähnlichkeit der äußeren Umstände erklärt die Übertragung des Apophthegma auf Anaxagoras; laut D. L. II 12—13 war er der Asebie angeklagt; als ihm der Urteilsspruch überbracht wurde, soll er erwidert haben ‚κἀκείνων κἀμοῦ πάλαι ἡ φύσις κατεψηφίσατο.᾽ (§ 13).

5. LUKIAN

Ein weiteres Beispiel von Demetrius' Begabung zum Bonmot liefert Lukian. Einem ungebildeten Büchernarr, der gerade in Euripides' Bacchen las und eben beim Botenbericht über den grausigen Tod des Pentheus angekommen war, schlug er das Buch aus der Hand und zerriß es mit folgenden Worten, adv. indoct. 19

Ἄμεινόν ἐστι τῷ Πενθεῖ ἅπαξ σπαραχθῆναι ὑπ' ἐμοῦ ἢ ὑπὸ σοῦ πολλάκις.

Besser ist es für Pentheus, ein und für allemal von mir zerrissen zu werden als von dir immer und immer wieder.

Die Anekdote paßt gut zu einem Kyniker. Mit einem witzigen Wortspiel und demonstrativer Rücksichtslosigkeit macht er sich über Bildung und Ungebildetheit zugleich lustig. Die Anekdote spielt in Korinth; diese Stadt nennt auch Philostrat (s. unten) als Aufenthaltsort des Demetrius, doch läßt sich über Zeitpunkt und Anlaß bei beiden Autoren nichts Genaues entnehmen.

Ebensowenig können wir die andere bei Lukian aufgenommene Anekdote des Demetrius biographisch einordnen. In der Schrift über die Tanzkunst beschreibt Lukian, wie der Kyniker Kraton zur Hochschätzung der Pantomime bekehrt wird. Dabei führt er Demetrius als autoritatives Beispiel ein. Dieser hatte nämlich eine erklärte Abneigung gegen die Tanzkunst, die er für eine wertlose Zugabe zu Musik und Gesang hielt. Da wurde er vom damals berühmtesten Tänzer[17] gebeten, sich seine Aufführung von Aphrodites Ehebruch mit Ares, die ohne jegliche musikalische Begleitung stattfand, anzusehen und zu beurteilen. Demetrius war von der Darbietung so entzückt, daß er hingerissen ausrief, de salt. 63

'Ἀκούω, ἄνθρωπε, ἃ ποιεῖς, οὐχ ὁρῶ μόνον, ἀλλά μοι δοκεῖς ταῖς χερσὶν αὐταῖς λαλεῖν.'

„Ich höre, Mann, die Geschichte, die du darstellst. Ich sehe sie nicht nur, sondern du scheinst sie mir mit deinen Händen zu erzählen."

Wie beliebt die Pantomime zu jener Zeit war, erfahren wir auch aus Seneca, der in der Schrift De tranquillitate animi die verfeinerten rhythmischen Bewegungen und die offenbar kulti-

---

[17] In aller Wahrscheinlichkeit handelt es sich hier um den Pantomimen Paris, den Nero im Jahre 67 hatte hinrichten lassen, Suet. Nero 54, Cassius Dio LXIII 18,1. Zu diesem und andern Tänzern namens Paris s. H. Bier, De saltatione pantomimorum. Diss. Bonn, Brühl 1920, 85f.

vierte Weichheit der Tänzer erwähnt (17,4). Wenn Demetrius
damals in kynischer Weise Vorwürfe dagegen erhoben hat, so
wäre das keineswegs verwunderlich. Seine Bekehrung dürfte allerdings eher eine Zutat lukianischer Phantasie sein.

6. PHILOSTRAT

Eine besondere Stellung unter den außersenecanischen Zeugnissen nimmt Philostrats romanhaftes Werk über das Leben des
Apollonios von Tyana ein. Zwar fließt diese Quelle über Demetrius weit reichlicher als alle andern, aber bei der Frage, was
davon geschichtliche Geltung beanspruchen darf, ist höchste Vorsicht geboten. So läßt Philostrat in Korinth den Kyniker zum
Anhänger des Apollonios werden (IV 25), der ihn später in Rom
anstiftet, gegen Nero und dessen neuerbaute Thermen loszubelfern,
worauf er aus Rom verbannt wurde (IV 42). In Griechenland trifft
er wieder mit Apollonios in Athen zusammen sowie mit Musonius,
der von Nero zur Zwangsarbeit an der Isthmusdurchstechung
verbannt worden war. Apollonios bewirkt bei Titus, daß Demetrius nach Rom zurückkehren kann (VI 33). Während der Philo-
sophenverfolgung unter Domitian trifft der ebenfalls gefährdete
Wundermann ihn, schwach und feige, in der süditalischen Stadt
Dikaiarchia (Puteoli, VII 10—14).

All diese Begegnungen halten einer historischen Prüfung nicht
stand[18]. Wie schon Dudley auseinanderlegte (s. oben Anm. 4),
waren die Thermen, über die sich Demetrius bei der Eröffnung
ausließ, im Jahre 60 fertiggestellt; Tigellinus, auf dessen Betreiben
der Kyniker daraufhin verbannt wurde, kam aber erst 62 zur
unbeschränkten Macht. Zu dieser chronologischen Unstimmigkeit
kommt, daß Demetrius, wie wir aus seiner Erwähnung in Senecas
Schriften aus neronischer Zeit schließen dürfen, sich kaum vor
dem Jahr 66 in Griechenland aufgehalten hat, schon gar nicht
lang genug, um einen Schülerkreis um sich zu sammeln, wie bei
Philostr. IV 25 vorausgesetzt wird. Auch ist eine Anhängerschaft
des Demetrius an den pythagoreisierenden Theosophen und
Magier Apollonios unwahrscheinlich. Die Begegnung mit dem am
Isthmus grabenden Musonius ist eine ausschmückende, aus dem
pseudolukianischen Dialog „Nero"[19] übernommene Episode. Der

---

[18] S. dazu Ed. Meyer, Hermes 52,1917,416. Zur antikynischen Tendenz des
Romans s. R. Reitzenstein, Hellenist. Wundererzählungen, Leipzig 1906, 42—44.
[19] vgl. Ed. Meyer, a.O. 417.

arrogante Brief des Apollonios an Demetrius, in welchem er ihm seine Verwendung bei Titus berichtet (VI 33), ist kaum etwas anderes als Philostrats eigene Erfindung. Vollends unglaubwürdig ist der erwähnte Aufenthalt des Demetrius in Puteoli. Denn, unter Vespasian auf eine Insel relegiert (Cass. Dio LXVI 13), dürfte er in den letzten Jahren von Domitians Regierungszeit bereits tot oder zumindest ohne Bedeutung und Einfluß gewesen sein.

Zusammenfassend können wir sagen, daß der Demetrius des Philostrat am weitesten von jenem Senecas entfernt ist. In der phantastischen Lebensbeschreibung des Apollonios ist er zu einer romanhaften Kontrastgestalt geworden, zu einer Folie, von der sich der vollkommene Philosoph und Weisheitsträger Apollonios noch strahlender abheben kann. Mögen auch historische Fakten und bekannte Anekdoten als Ausgangspunkt gedient haben, hier sind sie allein zum Zweck der Illustration frei umgestellt und ausgesponnen worden.

KAPITEL IV

SCHLUSSBETRACHTUNG

Vergleichen wir die senecanische Darstellung des Kynikers Demetrius mit jener, die sich aus den übrigen Quellen ergibt, so fällt der Unterschied sofort ins Auge, ja wir gewinnen fast den Eindruck, als handle es sich um zwei verschiedene Persönlichkeiten. Zwar sind die nicht-senecanischen Zeugnisse von unterschiedlichem Wert, doch übereinstimmend zeigen sie eine Seite von Demetrius' Wesen, die bei Seneca sehr stark zurückgedrängt ist, wenn nicht gar fehlt: es sind dies die ausgesprochen kynischen, in der allgemeinen Meinung meist negativ beurteilten Züge, insbesondere die belfernde Parrhesie. Seine provokative Haltung, vom Kaiser einen politischen Märtyrertod zu erzwingen, erwähnt sowohl Cassius Dio (LXVI 13; gegenüber Vespasian), als auch Philostrat (VII 16; gegenüber Nero). Die bei Lukian, de salt. 63 erwähnte ursprüngliche Ablehnung der Pantomime paßt zu seiner (erfundenen?) Invektive gegen die neronischen Thermen und entspringt demselben Geist wie die Brandrede gegen den Luxus in Sen. de ben. VII 9.

Beide Gruppen der Testimonia sind in ihrer Weise einseitig. Von allen Gewährsmännern hat Seneca wohl als einziger Demetrius persönlich gekannt. Daß er sich in seiner Darstellung auf die sittliche Unterweisung und deren Anwendung beschränkt, Verbindungen und Äußerungen seines Freundes, die ihn selbst komprimittieren könnten, übergeht oder umdeutet, haben wir gesehen. Die anderen Autoren dürften, mit Ausnahme von Tacitus, über Demetrius wenig mehr als einige Anekdoten, Gerüchte über seine ,hündische' Originalität und ein paar Bonmots gekannt haben. Mit welcher Vorsicht solche Berichte zu beurteilen sind, zeigt einleuchtend das Beispiel des Kynikers Peregrinus. Dem Zerrbild, das Lukian von ihm in der gleichnamigen Schrift gibt[1], steht die Notiz bei Aulus Gellius gegenüber, der den Philosophen in Athen besucht hat und dessen Ernst in Charakter und Lehre bezeugt[2].

Die beste Ergänzung, bzw. das zuverlässigste Korrektiv zu

---

[1] s. dazu J. Bernays, Lucian und die Kyniker 2—14.
[2] noct. Att. XII 11.

Senecas Darstellung bieten wohl die beiden einschlägigen Stellen
bei Tacitus. Die Schilderung vom gesellschaftlichen Rahmen, in
welchem Demetrius sich bewegte (ann. XVI 34—35), gibt den passen-
den Hintergrund auch für seine Freundschaft mit Seneca. Sicher
hatte es Demetrius verstanden, die Aufmerksamkeit und das Interesse einflußreicher Persönlichkeiten auf sich zu lenken. Undurch-
sichtig bleibt für uns, welche Rolle er im Prozeß gegen den Stoiker
Egnatius Celer spielte. Allerdings gibt die knappe Bemerkung von
Tacitus (hist. IV 40,3) Anlaß genug, gegenüber Senecas begei-
sterter, oft gar überschwenglicher Darstellung eine gewisse Skepsis
walten zu lassen.

Senecas lobende Erwähnungen entsprangen wohl nicht allein
dem Bedürfnis, dem philosophischen Freund ein literarisches
Denkmal zu setzen. Eingebaut in den Briefen an Lucilius und
auch in den anderen Schriften, haben sie paränetische Funktion.
Am Beispiel eines Zeitgenossen, eines Mannes, dessen Leben sich
vor aller Augen abspielt, soll der sittlich Fortschreitende verwirk-
lichte, gelebte *virtus* kennenlernen. Nicht nur die persönliche
Abneigung gegen Grobheiten und Unflat, sondern die Darstellung
eines großen sittlichen Vorbildes überhaupt verbot es, Anstößiges
aufzunehmen; ein Exempel sittlicher Vollkommenheit ist jeder
Kritik enthoben. Die Bedeutung, die Seneca dem Demetrius zumißt,
ist die eines Ideals. Wie Cato Uticensis in der römischen Stoa als
Verkörperung des idealen Weisen gilt, fällt Demetrius die Rolle
des idealen Kynikers zu.

Was ein kaiserzeitlicher Stoiker darunter verstehen mochte, hat
Epiktet in der programmatischen Diatribe über den Kynismus
(III 22) vorgestellt. Im Gegensatz zu Epiktets Synkrisis zwischen
dem falschen und dem wahren Kyniker stellt Seneca nirgends einen
ideal-kynischen Pflichtenkodex auf; auch gibt er keine theoretischen
Anweisungen. Vielmehr führt er uns in Demetrius einen Menschen-
erzieher vor Augen, der allen bei Epiktet angeführten Forderungen
genügt: Der Kyniker darf nicht mit Gott hadern (13)[3]; er ist sein
Herold unter den Menschen (69), sein Diener, sein Mitregent und
doch seinem Willen untertan (95). Seinen eigenen freien Willen
kann ihm niemand rauben, einen Zwingherrn kennt er nicht (105).
—— Nur darüber beklagt sich Demetrius bei den Göttern, daß sie

---

[3] Die eingeklammerte Zahl bezieht sich jeweils auf den Paragraphen in
Epiktets Diatribe III 22.

ihm ihren Willen nicht früh genug kundgetan haben, so daß er ihnen unaufgefordert hätte Folge leisten können. Bereit ist er, ihnen zu gehorchen, nicht als Sklave oder unter Zwang, sondern zustimmend aus seiner Kenntnis der ewigen Gesetze (de prov. 5,5)[4].

Des wahren Kynikers Aufgabe liegt im rechten Gebrauch der Vorstellungen; hat er sich darin geübt und Festigkeit erlangt, so muß er unter die Menschen gehen und sie lehren, was recht und was falsch, was gut und was schädlich ist (19—44). —— Auch Demetrius weist dem sittlich Fortschreitenden den Weg, indem er ihm die wichtigsten Hilfssätze prägnant formuliert an die Hand gibt (de ben. VII 1,7)[5].

Was immer an Unbill oder Unglück dem Kyniker widerfährt, faßt er als eine von Zeus geschickte Prüfung und Erprobung auf (56—59). —— Die Bewährung der Tugend ist ein Hauptanliegen in Demetrius' Unterweisung (epp. 67,14; 62,3).

Übereinstimmung von Lehre und Leben verlangt Epiktet vom wahren Kyniker (17.93f.). —— Demetrius hat sie unter Beweis gestellt (ep. 20,9; de vit. beat. 18,3).

Schlagfertigkeit (90—92) und. eine offene Sprache in der Erziehung (96) soll der kynische Menschenführer besitzen. —— Seneca bezeugt die kraftvolle, dem Stoff angemessene Ausdrucksweise seines Freundes (de ben. VII 8,2) und belegt sie durch zwei Beispiele (ep. 91,19; nat. quaest. IV A praef. 7f.).

Diese Reihe von Übereinstimmungen hat gezeigt, wie nahe Senecas Darstellung des Demetrius sich mit jener berührt, die Epiktet vom idealen Kyniker gibt. Und dennoch stehen sie nicht auf derselben Ebene. Während Epiktets Idealkyniker nur eine Übergangsstufe darstellt, ein besonderer Beruf in einer Welt von Toren ist und wieder verschwindet, sobald die Menschheit weise geworden ist, stellt Seneca in Demetrius die höchste Stufe menschlichen Tugendstrebens dar. Senecas Idealkyniker ist ein überhöhter Stoiker.

---

[4] vgl. dazu oben S. 38.

[5] Die dort folgenden Dogmata nimmt auch Epiktet auf: Reichtum und Macht sind eine Last (27—30); der Tod ist kein Übel (21. 33f.); das Glück liegt im richtigen Wissen, das frei und stark macht (38—44); tugendhaft lebt, wer nichts zu verbergen hat (14—16).

EXKURS 1

In keinem der überlieferten Zeugnisse findet sich ein Hinweis, daß Demetrius etwas Schriftliches hinterlassen hätte. Was Seneca an längeren Ausführungen aufgenommen hat, bezeichnet er deutlich als Auszüge aus dessen Lehrvorträgen und Unterweisungen.

Stobaios hingegen überliefert unter dem Namen Demetrius einen synkritischen Dialog zwischen Tapferkeit und Feigheit einerseits, Enthaltsamkeit und Ausschweifung anderseits, p. 345,11ff. H.

Αὐτίκα γὰρ εἰ τῷ πολεμοῦντι καὶ παρατεταγμένῳ παρασταῖεν ἥ τε Ἀνδρεία καὶ ἡ Δειλία, πόσον ἂν οἴεσθε διαφόρους εἰπεῖν λόγους; ἆρ' οὐχ ἡ μὲν Ἀνδρεία μένειν ⟨ἂν⟩ κελεύοι καὶ τὴν τάξιν διαφυλάττειν; „Ἀλλὰ βάλλουσιν"· ‚Ὑπόμενε.' „Ἀλλὰ τρωθήσομαι"· ‚Καρτέρει.' „Ἀλλ' ἀποθανοῦμαι"· ‚Ἀπόθανε μᾶλλον ἢ λίπῃς τὴν τάξιν.' Ἀτενὴς οὗτος ὁ λόγος καὶ σκληρός. ἀλλ' ὁ τῆς Δειλίας νὴ Δία φιλάνθρωπος καὶ μαλακός· ὑπάγειν γὰρ δῆτα κελεύει τὸν φοβούμενον. „Ἀλλ' ἡ ἀσπὶς ἐνοχλεῖ". ‚Ρῖψον.' „Ἀλλὰ καὶ ὁ θώραξ"· ‚Παράλυσον'. Παντὶ δήπου πραΰτερα ταῦτ' ἐκείνων. ὁμοίως δὲ καὶ ἐπὶ τῶν ἄλλων. ‚μὴ λάβῃς' φησὶν ἡ Ἐγκράτεια ‚ὅθεν οὐ δεῖ· μὴ φάγῃς, μὴ πίῃς, ἀνέχου, καρτέρει· τὸ τελευταῖον, ἀπόθανε πρότερον ἢ πράξῃς ὅπερ οὐ δεῖ.' ἡ δ' Ἀκρασία ‚πῖθι, ὅτε βούλει, φάγε, ὅ τι ἂν ἥδιστα φάγοις. ἡ τοῦ γείτονος ἀρέσκει σοι γυνή· πέραινε. χρημάτων ἀπορεῖς· δάνεισαι. δανεισάμενος ἀδυναμεῖς· μὴ ἀποδῷς. οὐ πιστεύουσιν ἔτι δανείζειν· ἅρπασον.' πολύ γε κἀνταῦθα τὸ μεταξύ. ἀλλὰ τίς οὐκ οἶδεν ὅτι ἡ μὲν τοιαύτη χάρις ὀλέθριος γίνεται τοῖς προσδεξαμένοις, ἡ δ' ἐκ τῶν ἐναντίων σωτήριος;

Denn wenn nun plötzlich neben einem Soldaten auf dem Schlachtfeld die Tapferkeit und die Feigheit stünden, wie verschieden wohl, glaubst du, würden sie ihn ansprechen? Würde nicht die Tapferkeit ihn auffordern auszuharren und seinen Posten zu halten? „Aber sie schießen auf mich." ‚Halte stand.' „Aber sie werden mich verwunden." ‚Reiß dich zusammen.' „Aber sie werden mich töten." ‚Stirb lieber als daß du deinen Posten verläßt.' Unbeugsam und hart sind diese Worte. Jene der Feigheit hingegen, beim Zeus, sind menschenfreundlich und weich. Denn, fürwahr, sie fordert ihn, der voller Furcht ist, auf, sich davonzumachen. „Aber der Schild ist mir im Weg." ‚Wirf ihn weg.' „Aber der Panzer hindert mich." ‚Zieh ihn aus.' In der Tat, diese Worte sind unendlich viel milder als jene. Ebenso verhält es sich in anderen Dingen. ‚Nimm nicht, wovon du nicht sollst', sagt die Enthaltsamkeit, ‚iß nicht, trinke nicht, enthalte dich, nimm dich zusammen.' Und zuletzt, ‚stirb lieber als daß du tust, was du nicht darfst.' Die Ausschweifung aber sagt: ‚Trinke, wann du willst; iß, was du am liebsten magst. Des Nachbarn

Frau gefällt dir. Mach ihr den Hof, bis sie nachgibt. Du brauchst Geld, borg dir welches. Du hast Schulden und bist insolvent. Gib das Geld nicht mehr zurück. Sie geben dir keinen Kredit mehr. Raub dir das Geld.' Auch hier liegt noch vielerlei dazwischen. Doch wer wüßte nicht, daß eine solche Gunst jenen, die sie annehmen, Verderben bringt, die andere dagegen heilsam ist.

Die Frage, welchem Demetrius dieses Stück zuzuschreiben sei, fand viele Antworten[1]. Wir wollen im folgenden die verschiedenen Zuweisungen durchgehen und die jeweils vorgebrachten Argumente einer genauen Prüfung unterziehen.

Unbestritten ist bei allen sonstigen Abweichungen, daß das Fragment dem Genus der Diatribe zuzuordnen ist. Nehmen wir mit P. Wendland[2] eine Scheidung dieser Gattung in die sog. ältere und jüngere Diatribe an, so sprechen die hier angewendeten Stilmittel eindeutig für eine Zuweisung zur ersten Gruppe. Die ältere Diatribe, deren Stilmerkmale R. Bultmann sorgfältig zusammengestellt und besprochen hat[3], unterscheidet sich von der jüngeren Form, dem deutlich gegliederten, belehrenden Traktat, besonders durch die Auflockerungsmittel wie kurze Dialogpartien, knappe Szenen aus dem Alltagsleben, Personifikationen, Antithesen und Parallelismen. In unmittelbare Nähe zu den Diatriben des Teles, den ältesten uns erhaltenen, rückt das Fragment durch die Verwendung der personifizierten ethischen Begriffe. Wie hier Tapferkeit, Feigheit, Enthaltsamkeit und Ausschweifung treten bei Teles die Armut (p. 7,2f.), das Schicksal (p. 5,4ff.) und sogar die Dinge (p. 6,8) personifiziert auf[4]. Diese Ähnlichkeit führte denn auch dazu, in der zeitlichen Umgebung des Teles nach einem entsprechenden Demetrius zu suchen. Die schon in Gaisfords Stobaiosausgabe vorgenommene Zuweisung an Demetrios von Phaleron hat Ed. Norden aufgrund von einem Stilurteil Quintilians zu erhärten versucht[5]. Die erhaltenen Fragmente des Phalereer geben

---

[1] s. die Zusammenfassung bei O. Hense, RE-Artikel „[Ioannes Stobaios]", IX 2582f.

[2] Philo und die kynisch-stoische Diatribe. Beiträge zur Geschichte der griech. Philosophie und Religion, Berlin 1895; ders., Die hellenistisch-römische Kultur 80.

[3] Der Stil der paulin. Predigt und die kyn.-stoische Diatribe.

[4] Zur literaturgeschichtlichen Einordnung solcher Personifizierungen s. Ed. Norden, Die antike Kunstprosa I, 2. Aufl. Leipzig/Berlin 1909, I 129, Anm. 1.

[5] a.O. I 128—31. Quint. X 1,33 *versicolor illa, qua Demetrius Phalereus dicebatur uti, vestis non bene ad forensem pulverem facit.* Daraus zieht Norden den Schluß: „griechisch gesprochen: Δημήτριος ὁ Φαληρεὺς ἀνθινὰ περιέβαλε τὴν λέξιν, was Eratosthenes von Bion mit bezug auf die Philosophie

aber keinen Aufschluß über eine Behandlung solcher Themen, wie sie in unserem Zeugnis erwähnt sind. Auch ist Nordens gepreßte Interpretation des Quintilianzitats keine sichere Grundlage, Demetrios von Phaleron als Autor in Anspruch zu nehmen[6]. W. Crönert, der mit Recht auf diese Schwierigkeit hinwies, entschied sich deshalb für den Kyniker Demetrios von Alexandrien, den Enkelschüler des Metrokles[7]. Doch ist von diesem Mann außer seinem bei D. L. VI 95 überlieferten Namen nichts bekannt. O. Hense[8] und P. Wendland[9] weisen die kurze Diatribe unserem Demetrius zu. Zwar verwenden die kaiserzeitlichen Diatribenautoren wie Seneca, Musonius und Epiktet im Gegensatz zu Teles die Prosopopöie weniger[10], jedoch ist der Gebrauch der verwandten Allegorie durch den zeitgenössischen „Pinax" des Kebes, eine allegorische Darstellung der Lebenswege, gut bezeugt[11]. Kurze, fingierte Dialogpartien finden sich häufig bei Epiktet, z. B. I 19,26ff.; II 6,6—8; 24,24—26; IV 1,62ff. Fingierte Einwände und Selbstfragen benutzt Seneca besonders in den Briefen an Lucilius, denn diese Form eignet sich für die Paränese vorzüglich.

Ein weiteres Indiz für die Zuweisung an den Kyniker Demetrius glaubt Hense in zwei Latinismen zu finden. Als solche versteht er die beiden jussivischen Konjunktive λίπης und πράξης, die jeweils neben einem Imperativ stehen, ἀπόθανε μᾶλλον ἢ λίπης und ἀπόθανε

---

gesagt hat (Strab. I 15); d. h. also: wie Bion die Philosophie, so hat Demetrios die Beredsamkeit in ein blumenreiches, buntgesticktes Hetärengewand gekleidet, *orationem fucatis et meretriciis vestibus insignavit*, wie Tacitus (dial. 26) von den Rednern seiner Zeit sagt" (S. 128).

[6] Wie Norden gründet auch Fr. Blass, Die attische Beredsamkeit III 2, 2. Aufl. Leipzig 1898, 346 seine Zuweisung auf das Quintilianzitat.

[7] Kolotes und Menedemos. Texte und Untersuchungen zur Philosophen- und Literaturgeschichte. Studien zur Paläographie und Papyruskunde 6, Leipzig 1906 (Nachdruck Amsterdam 1965), 47. Gegen eine Zugehörigkeit zu Demetrios von Phaleron und für eine Zuweisung an unseren Kyniker Demetrius äußert sich E. Bayer, Demetrios Phalereus der Athener. Tübinger Beiträge zur Altertumswissenschaft 36, Stuttgart/Berlin 1942, 117—20; ihm folgt F. Wehrli, Die Schule des Aristoteles. Heft IV: Demetrios von Phaleron, 2. Aufl. Basel/ Stuttgart 1968, 87.

[8] RE-Artikel „[Ioannes Stobaios]", IX 2582f.

[9] Die hellenistisch-römische Kultur 85, Anm. 1.

[10] vgl. Sen. de prov. 3,3, wo die Fortuna spricht; ep. 31,7 redet die Seele; für weitere Beispiele s. H. Weber, De Senecae philosophi dicendi genere Bioneo 44f. Bei Epict. I 16,11 spricht die Natur des Einzelmenschen. Öfters wird Gott redend eingeführt, so in I 29,47.

[11] s. dazu O. Hense, Die Synkrisis in der antiken Litteratur, Prorectoratsrede, Freiburg 1893, 32ff.

πρότερον ἢ πράξῃς[12]. Diese Verbindung ist im Lateinischen geläu-
fig[13]; der gewöhnliche griechische Sprachgebrauch verlangt zwei
parallele Imperative, vgl. Epict. I 18,9 ἐλέει αὐτὸν μᾶλλον ἢ μίσει.
Zwar ist der jussivische Konjunktiv der 2. und 3. Person in positiven Sätzen selten (in der ionisch-attischen Sprache fehlt er
gänzlich), er konnte aber an einigen Beispielen in frühen Dialektinschriften und bei christlichen Autoren nachgewiesen werden[14].
Daß in solchen Fällen die Analogie des *prohibitiven* Konjunktivs
mitgewirkt hat, erweist sich besonders deutlich an unserer Stelle.
Der im Konjunktiv ausgedrückte Gedanke ist grundsätzlich negativ
(ἀπόθανε, μὴ λίπῃς . . . μὴ πράξῃς) und wird nur durch die kom-
parative Verknüpfung mit dem Imperativ formal positiv.

Dieser sprachliche Nachweis ist wohl ausreichend, um Henses
Spekulation über einen vorliegenden Latinismus zurückzuweisen.
Denn nicht nur sind solche weit seltener als vielfach angenommen
und in der Hauptsache auf Amtsbezeichnungen, einige Lehnwörter
im täglichen Sprachgebrauch sowie ein paar Redewendungen
beschränkt[15], sondern es besteht auch kein Zweifel, daß Demetrius
griechisch, und zwar umgangssprachliche Koine sprach.

Obwohl die Angabe bei Stobaios unsicher ist und Senecas Zeugnis dagegen spricht, das Diatribenfragment unserem Demetrius
zuzuschreiben, verbieten weder sein Inhalt noch sein Stil eine solche
Zuweisung. Es ist nicht auszuschließen, daß hier, wie im Fall von
Musonius und Epiktet, eine Aufzeichnung, bzw. eine Nachkompo-
sition, einer mündlichen Unterweisung des Demetrius durch einen
seiner Zuhörer vorliegt.

---

[12] Im Apparat zu p. 346,4 der Stobaiosausgabe vermerkt Hense *coniunctivus
modus more latino.*

[13] s. die Beispiele bei Leumann-Hofmann-Szantyr, Latein. Grammatik II,
München 1965, 335f.

[14] s. dazu Ed. Mayser, Grammatik der griech. Papyri aus der Ptolemäerzeit,
II 1, Berlin 1926, 229f.; für die Dialektinschriften s. Fr. Slotty, Der Gebrauch
des Konjunktivs und Optativs in den griech. Dialekten, 1. Teil: Der Hauptsatz.
Forschungen zur griech. und lat. Grammatik, 3. Heft, Göttingen 1915, 22—24.

[15] s. dazu L. Hahn, Rom und Romanismus im griechisch-römischen Osten,
Leipzig 1906, 255—57 (über Latinismen bei Epiktet); Fr. Blass - A. Debrun-
ner - Fr. Rehkopf, Grammatik des neutestamentlichen Griechisch, 14. Aufl.,
Göttingen 1976, § 5 und im Index s. v. Latinismen.

EXKURS 2

Marc Aurel VIII 25,2

In VIII 25 meditiert Marc Aurel über die Vergänglichkeit des
Lebens und nennt zur Illustration verschiedene Persönlichkeiten,
die einst zu Bedeutung oder Berühmtheit gelangt waren, jetzt aber
tot und vergessen sind. Dabei verweist er auf Leute, die scharfsinnig waren, auf solche, welche die Zukunft kannten und solche,
die sich stolz zu brüsten pflegten. Es folgen drei Namen, unter
ihnen ein Demetrius, die offenbar die eben aufgezählten Gruppen
stellvertretend exemplifizieren; doch stoßen wir hier auf eine
Schwierigkeit im überlieferten Text, der zuerst ganz ausgeschrieben
werden soll:

οἱ δὲ δριμεῖς ἐκεῖνοι ἢ προγνωστικοὶ ἢ τετυφωμένοι ποῦ; οἷον, δριμεῖς
μὲν Χάραξ καὶ Δημήτριος ὁ Πλατωνικὸς καὶ Εὐδαίμων καὶ εἴ τις τοιοῦτος.

Es ist schwer einzusehen, weshalb nach den drei Charakterisie-
rungen die genannten Männer nur die Gruppe der Scharfsinnigen
vertreten sollen. Rendall (engl. Übers., 2. Aufl. London 1898) hatte
deswegen δριμεῖς μὲν getilgt. Aber selbst dann bleibt noch ein Problem. Welcher Demetrius vertritt hier die Gruppe der Prognostiker?
Im Scholion zu Lukian, de salt. 63 (s. oben S. 51) verweist der byzan-
tinische Philologe und Handschriftensammler Arethas aus Patras
(ca. 850—944) auf den hier genannten Demetrius[16]. Folgt man
Arethas, so kann ὁ Πλατωνικός nichts anderes sein als eine Rand-
glosse und muß mit Farquharson ausgesondert werden. Zur Iden-
tifizierung läßt sich allerdings auch aus den beiden Namen Charax
(wahrscheinlich der Historiker, FGrHist 103) und Eudaimon (zu
seiner Person s. Farquharson zur Stelle) kein sicheres Indiz gewinnen. Dem Hinweis des Arethas auf den Kyniker Demetrius ist mit
der gleichen Skepsis zu begegnen wie dem überlieferten Zusatz
ὁ Πλατωνικός.

---

[16] p. 189 Rabe, Δημήτριος οὗτος ἐπὶ τοῦ Σεβαστοῦ ἤκμαζεν, οὗ Μᾶρκος ἐν
τοῖς Ἠθικοῖς αὐτοῦ μέμνηται.

EXKURS 3

COMMENT. BERN. IN LUCAN. II 380

In den Commenta Bernensia zu Lucan II 380 (p. 74,18ff. Usener) *quantum ad homines pertinet, quantum praestare debeat. locus ille quidem est* [...] (lacunam ind. Usener, *et deest* C) *de officiis declarat: quae homini* (Usener, *omnia* C) *a prima conciliatione nascendi sumuntur. inde enim colligit unum hominem sociale esse animal et cum sibi tum omnibus hominibus natura esse conciliatum,* glaubte Ludwig Traube eine Anspielung auf Worte des Kynikers Demetrius zu erkennen[17]. Er schlug deshalb vor, *qui Demetrii est* für das korrupte *quidem est et deest* zu konjizieren.

Der im Scholion angeführte Lehrsatz von der Allverwandtschaft der Menschen ist aber zu allgemein stoisch, als daß er für Demetrius speziell vindiziert werden dürfte[18].

---

[17] Rh. Mus. 40,1885,153.
[18] Zu diesem Lehrsatz (de ben. VII 1,7) s. oben S. 34.

INDICES

Alle Zahlen nach dem Doppelpunkt beziehen sich auf die Seiten, bzw. die Anmerkungen.

NAMEN UND SACHEN

WÖRTER UND BEGRIFFE

STELLEN

Printed in the United States
By Bookmasters